Cornelia Ertmer & Anne-Kathrin Koppetsch (Hrsg.)

Glücksorte
im
Sauerland

Fahr hin & werd glücklich

Dieses
Glücksbuch
ist für

Liebe Glücksuchende,

das Sauerland: Da wollten Sie immer schon hin? Oder Sie meinen, es bereits zu kennen? Das dachten wir auch. Doch dann entdeckten wir während unserer Recherchen für das Buch immer neue Glücksorte im „Süderland", wie die Region ursprünglich hieß. Wir haben vieles ausprobiert: Wellness im Heilstollen, das „Heimatglück" auf dem Essteller, knisternde Spannung bei den Karl-May-Festspielen. Wir sind durch Wälder gewandert und über Bergrücken, an Flüssen entlang geradelt und haben manches Kuriose entdeckt. Wir haben Höhlen erkundet, an spirituellen Orten Kraft getankt, Skulpturen ertastet und in Talsperren gebadet. Nach all der Aktivität haben wir uns oft genug mit duftendem Kaffee und köstlicher Torte belohnt. Unsere Entdeckungsreise durch das Sauerland war bereichernd, vielfältig und natürlich: lecker!
Vielen gastfreundlichen und aufgeschlossenen Menschen sind wir begegnet, denen wir an dieser Stelle herzlich danken.
Auch Ihnen wünschen wir bei Ihrer Glücksortsuche im Sauerland viele inspirierende Erlebnisse und erinnerungswürdige Momente.
Viel Vergnügen bei der Erkundung dieser vielfältigen Region!

Cornelia Ertmer, Anne-Kathrin Koppetsch

und das Team vom LiteraturRaumDortmundRuhr

Deine Glücksorte ...

... noch mehr Glück für dich

Land der tausend Berge

Der Kahle Asten mit Lennequelle

Wer will, kann direkt bis zur Höhe des Kahlen Astens fahren. Wer will und kann, sollte den Gipfel zu Fuß erobern, am besten über den Kahlen-Asten-Steig, eine Traumtour, wie der deutsche Wanderverband 2017 befand. Über Stock und Stein geht es, über von Regenfluten ausgewaschene Wege, durch Wald, bis sich plötzlich dem Wanderer die Aussicht auf die Hochheide öffnet. Der Blick streift über die Bergkuppe mit ihren Moosen und Gräsern, mit den verschiedenen Spielarten des Bärlapps. Er verfängt sich in der seltsam verdrehten Form einer windzerzausten Bergkiefer oder einer Vogelbeere. Die Landschaft leuchtet, je nach Jahreszeit, in Gelb-, Rot- und Violetttönen. Für Naturliebhaber ein Paradies. Im Spätsommer lockt die purpurfarbene Heideblüte. Dann sind auch die blauen Heidelbeeren reif.

TIPP

Interessierte finden an den Wegen rund um die Hochheide Informationstafeln zu Fauna und Flora.

Besonders reizvoll ist die Winterlandschaft des Kahlen Astens. Schnee und Eis modellieren die von Wind und Wetter verbogenen und gewundenen Formen der Bäume zu fremdartigen Gebilden. Fotografen mit einem Faible für die bizarre Schönheit dieser Szenerien kommen voll auf ihre Kosten. Der weite Blick vom 862 Meter hohen Astenturm über das bewaldete Land ist atemberaubend. Endlos staffeln sich die Bergkuppen in die Ferne, in unterschiedlichen Grüntönen im Sommer, in allen Weißschattierungen im Winter. Wolkendunst, Nebel und verschiedenfarbiges Sonnenlicht je nach Tages- und Jahreszeit verleihen der bergigen Landschaft einen besonderen Reiz.

Vom Turm erblicken Skifans im Osten die nahen Skipisten und die Sprungschanze von Winterberg. Schaut man nach Westen, sieht man in einer Mulde, rund 35 Meter tiefer, wie hingeduckt, die Lennequelle. Zu ihr gelangt man bequem über einen Schotterweg. Steinmännchen bewachen die Quelle. Eine Bank lädt zum Bleiben an diesem windgeschützten Fleckchen ein. Wer sich Zeit nimmt, kann vielleicht sogar neben dem leisen Rascheln der Blätter und dem Zirpen der Grillen dem Baumpieper lauschen. Und die Natur in Ruhe genießen.

● Astenturm, Astenturm 1, 59955 Winterberg, Tel. (0 29 81) 5 98 40 06
● ÖPNV: Haltestelle Kahler Asten oder Taxibus (08 00) 3 50 40 31

Dörfliches Kleinod

2 Antwerpener Altar in Neuenrade-Affeln

Manchmal fährt ein Trecker vorweg. Der Weg nach Affeln führt über die Dörfer, und man muss Zeit mitbringen. Genau gesagt ist Affeln selbst ein Dorf. Und zwar ein altes, seine Geschichte reicht bis in das 12. Jahrhundert. Alt und ehrwürdig ist auch die romanische Hallenkirche St. Lambertus, ihre Wurzeln wiederum reichen bis in das 13. Jahrhundert zurück. Das Gotteshaus gehört zu den sieben romanischen Kirchen im Sauerland.

Schon von außen wirkt der Sakralbau groß und mächtig, er ist ganz ersichtlich das Zentrum des 1200-Seelen-Ortes. Mit dem Öffnen der Tür geht das Licht an. Der Hochaltar wird nun angestrahlt. Schon von ferne bezaubern die aus Holz geschnitzten und vergoldeten biblischen Geschichten. Die Kreuzigung Jesu in der Mitte nimmt den meisten Raum ein. Doch noch trennt ein Gitter die Gäste von der Hallenkirche. Wer rechtzeitig vor dem Besuch einen Termin mit dem Pfarrbüro verabredet, dem schließen Ehrenamtliche die Gittertür auf, sie bieten auch Kirchenführungen an.

TIPP

Auch die romanische St.-Blasius-Kirche in Balve lohnt einen Besuch.

Ein Genuss ist es, den Hallenraum zu durchschreiten und sich dem prächtigen Altar zu nähern. Mehr als 500 Jahre alt ist dieses Werk aus Antwerpen, damals die „Hauptstadt" europäischer Schnitzkunst. Da ist unten links die Abendmahlsszene, in der Jesus mit seinen Jüngern speist. Die kolorierten Szenen an der linken Seite zeigen Geschehnisse um Jesus und Maria, unter anderem ihre Aufnahme in den Himmel. Rechts sind Szenen aus dem Leben des Bischofs St. Lambertus dargestellt. Er und Maria waren die Schutzpatrone der Kirche in früheren Jahrhunderten. Sie flankieren deshalb das Zentrum des Altars mit Kreuzigung und Kreuztragung.

In der Fastenzeit wird der Altar zugeklappt, denn es soll auch mit den Augen „gefastet" werden. Die Malerei auf der Rückseite der Altarflügel erscheint deutlich dunkler und betont so die besondere Kirchenjahreszeit. Noch einmal den Zauber dieses flandrischen Kleinods auf sich wirken lassen. Die Ruhe genießen, bevor es beglückt und beschwingt wieder hinausgeht in den Alltag.

●　Pfarrkirche St. Lambertus, Hauptstraße 7, 58809 Neuenrade-Affeln, Tel. (0 23 94) 3 25 (Pfarrbüro), pv-balve-hoennetal.de
●　ÖPNV: Haltestelle Neuenrade-Affeln

Kaffeeduft am Rosenbogen

3 Gutshof Schloss Bruchhausen

Ist das schön: Im Gutscafé am Blütengarten lassen sich fair gehandelter Kaffee, Waffeln und „Gewittertorte" draußen oder drinnen genießen. Vor mehr als zehn Jahren hat Mechtild Heidrich im alten Gutshof in Bruchhausen ihr Lokal eröffnet, am Fuß des Naturwunders Bruchhauser Steine. Dabei zieht der „Sauerländer Blütengarten" mindestens ebenso viele Gäste an wie das Café. Natürlich gehört beides zusammen.

Am Anfang war der Garten, so erzählt Frau Heidrich. An ihrem Fachwerkhaus in Assinghausen hatte die Biologielehrerin einen besonderen Rosengarten angelegt. Bald wurde er zum Ausflugsziel für Gäste von nah und fern. „Wir kamen an unsere Grenzen", berichtet Heidrich, „die Gäste wollten einen Kaffee trinken oder zur Toilette, und oft kamen ganze Busse voll." So griff die Rosenliebhaberin zu, als sich 2009 die Gelegenheit bot, das Gutscafé in der Alten Meierei des Bruchhauser Schlosses zu pachten. Natürlich legte sie sofort einen Garten an und bot englische, historische sowie frostresistente Rosen zum Verkauf an. Ein Bed and Breakfast kam später hinzu, weil durch die Lage am Rothaarsteig Wanderer danach fragten. Ihren Beruf als Lehrerin gab sie schließlich auf und widmet sich nun ganz dem Geschäft. Dazu gehört auch das „Rose-Cottage", ein Lädchen mit Gartenbüchern, Wanderführern sowie romantischen Accessoires.

Vor einigen Jahren erfüllte sie sich einen weiteren Traum: Dank öffentlicher Zuschüsse konnte sie Themengärten anlegen. Besucher und Besucherinnen lustwandeln nun durch den Bauern-, Rosen- und Nektargarten. Auf dem Weg durch das kleine, grün-bunte Paradies findet sich auch ein Kräutergarten mit Heilpflanzen nach Pfarrer Kneipp. Farblich raffiniert aufeinander abgestimmt sind der Feuer- und der Eisgarten. Die Kinder lieben Käthe und Klärchen, Hühner einer alten westfälischen Rasse. Und sie lassen sich hier die Himbeeren schmecken, direkt vom Strauch.

....

● Rosenbogen Heidrich im Gutshof Schloss Bruchhausen, Gaugreben'scher Weg 1, 59939 Olsberg, Tel. (0 29 62) 88 08 12, rosenbogen-heidrich.de
● ÖPNV: Haltestelle Unter den Steinen

Sagenumwobene Festung

 4 Burg Altena und Drahtmuseum in Altena

Um die Entstehung der Burg Altena ranken sich mehrere Sagen. Einer zufolge rief der Graf von Arnsberg: „Altena!" („Allzunah!"), als er die Festung auf dem Berg an der Lenne wahrnahm. Diese Sage ist eine der Geschichten, die im Erlebnisaufzug erzählt werden. Seit 2013 befördert der Lift Fahrgäste von der am Flussufer gelegenen City 80 Meter senkrecht hoch zur Burg Altena.

Die Burg Altena wird mittlerweile als Museum genutzt. Wer diese Festung erobern will, sollte sich allerdings auf viele Treppen einstellen. Abwärts geht es in den Kerker, in dem mittelalterliche Folterwerkzeuge ausgestellt sind. Angenehmer ist da schon der Aufenthalt in der historischen Jugendherberge mit ihren Etagenbetten in den Schlafräumen, streng nach Jungen und Mädchen getrennt. Richard Schirrmann hatte hier 1914 die erste Jugendherberge der Welt eröffnet. In weiteren Räumen des Rundgangs wird unter anderem die Geschichte der Burg erzählt, die bis zum Jahr 1100 zurückreicht. Wahrscheinlich geht sie auf die Brüder Adolf und Everhard von Berg zurück. Die genauen Umstände der Entstehung liegen zugegebenermaßen im Dunkeln.

TIPP

Von Iserlohn bis Altena auf dem Drahthandelsweg wandern!

Ausstellungstücke zum Anfassen sind die Ritterhelme und Kettenhemden. Man kann sie anprobieren und sich dann gegenseitig fotografieren – eine Attraktion besonders für Familien. Im Dachgeschoss wird die Herkunft diverser Sprichworte aufgeklärt. Wer hätte gewusst, dass „türmen" bedeutet, sich in den Turm zurückzuziehen, wenn der Feind naht? Und dass die Bauern früher „den Löffel abgegeben" haben an die Erben, wenn es an das Sterben ging?

Im Zuge der Industrialisierung wurde Altena zur Hauptstadt der Drahtzieher. Auch davon wird im Museum erzählt. In jedem Fall sollte man das Drahtmuseum, 600 Meter entfernt, am Fuß des Geländes besuchen; ein bequemer Spaziergang bergab. Der Eintritt ist in der Kombi-Karte inbegriffen. Dort gibt es interessante Einblicke in die Fertigung und Verwendung von Draht. Unterwegs dorthin genießt man die Aussicht auf das Lennetal.

....

● Burg Altena, Fritz-Thomée-Straße 80, 58762 Altena, Tel. (0 23 52) 9 66 70 33
burg-altena.de
● ÖPNV: Hauptbahnhof Altena, dann ca. 15 Minuten Fußweg

Entspannt im Hier & Nass

Sauna und Erlebnisbad Nass in Arnsberg

Entspannte Stimmung herrscht schon am Eingang der Sauna im Erlebnisbad Nass. Vorbei an einem Bistro geht es zur Kasse. Freundlich weist die Mitarbeiterin in die Benutzung des Chips und seine Funktionen ein. Bezahlt wird beim Ausgang, inklusive der verzehrten Speisen.

Innen umhüllen warme Temperaturen die mit Handtuch oder Bademantel bekleideten Besucherinnen und Besucher. Mehrere Saunen stehen zur Verfügung, ein Dampfbad, Ruheraum und die Nasserie, das Saunarestaurant. Auf einer Tafel sind die Aufgusszeiten aufgelistet: Eukalyptus um 14 Uhr in der Waldsauna klingt verlockend.

Etwa 30 Menschen haben auf den Holzbänken Platz genommen, einige scheinen sich untereinander zu kennen. Ein junger Mann, der sich als Karsten vorstellt, verteilt vor dem Aufguss Becher mit Peelingsalz, das auf dem Körper verrieben wird. Nach der Schwitzkur lädt er zu einem Wellnesstee vor der Hütte ein. Bei milden Außentemperaturen lässt sich der Schlendergang an der Saline entlang genießen; wenn man die Augen schließt und schnuppert, riecht es wie Nordseeluft. Jetzt noch in das Solebad mit Sauerländer Salzen, mit 30 bis 32 Grad Celsius gut temperiert. Wird es dort draußen im Winter bei längerem Aufenthalt zu kühl – einfach zurück in eine der Saunen! Der Kräuteraufguss lockt wieder zahlreiche Gäste an. Dieses Mal wird ein Bonbon als Goodie spendiert. Auch jetzt ist die Stimmung freundlich, locker und diskret. Offensichtlich sind an diesem Werktag die Saunaprofis unterwegs. Ein Dampfbad bei stimmungsvollem, farbigem Licht, Bratapfelaroma und eine wohlriechende Hautcreme runden das Wellnessprogramm ab. Ein besonderer Genuss winkt zum Schluss: Arme und Beine von sich strecken und sich draußen im Whirlpool umblubbern lassen. In den verwaschenen, grauen Himmel schauen, über den langsam die Dämmerung zieht. Was für ein Glück an einem trüben Winternachmittag!

● Erlebnisbad Nass, Am Solepark 15, 59759 Arnsberg, Tel. (0 29 32) 4 75 73-0
nass-arnsberg.de
● ÖPNV: Haltestelle Arnsberg-Hüsten Delecker Straße,
dann ca. 10 Minuten Fußweg

Siegessäule im Sauerland

6 Die Atta-Höhle in Attendorn

Der Engel hinter dem Felsen hat seine Flügel ausgebreitet. Die Kinder schauen dem Zeigefinger der Führerin nach. „Na? Habt ihr ihn entdeckt?" Eifriges Nicken. Ehrfürchtig schauen Kinder, aber auch Erwachsene, auf das Engelgebilde aus Sinterfahnen, so der Fachbegriff für das fächerförmige Gestein.

Angenehm kühl ist es in der Atta-Höhle, einer der prächtigsten Tropfsteinhöhlen Europas. Bei schwüler Sommerhitze genießen die rund 30 Gruppenmitglieder den Ausflug in die wundersame Unterwelt. Faszinierend sind die Figuren entlang des 1,8 Kilometer langen Parcours: eine Speisekammer mit Schweineschinken und Spargel, eine Kirchenorgel und sogar ein Abbild der Fürstin Atta, nach der die gesamte Höhle benannt ist. Der Fantasie sind keine Grenzen gesetzt. Da findet sich dann auch Schloss Neuschwanstein im Miniaturformat. Ein Specht ist der kleinste Höhlenbewohner, wie die Führerin augenzwinkernd erklärt. Höhepunkt ist natürlich die Siegessäule, das Wahrzeichen der 1907 zufällig bei Steinbrucharbeiten entdeckten Tropfsteinhöhle.

TIPP

Unbedingt
den würzigen
Atta-Käse
probieren!

Stalaktiten wachsen von oben und Stalagmiten von unten, so viel ist bekannt. Wenn die Oberen mit den Unteren zu Säulen verwachsen, nennt man sie Stalagnaten. Das geht noch langsamer als im Schneckentempo: 100 Jahre, länger als ein Menschenleben, braucht es für einen Zentimeter. Millionen Jahre Wachstum sammeln sich also in der feuchten Kühle der Höhle.

Am tiefsten Punkt hat man 100 Meter Gesteinsschichten über sich. Auf dem Weg dorthin heißt es immer wieder: Kopf einziehen, um nicht mit den Felsen zu kollidieren. Das Berühren der Figuren ist streng verboten, denn das Hautfett versiegelt die Oberflächen und verhindert weiteres Wachstum. Zahlreiche Besucher haben sich allerdings nicht davon abhalten lassen, Münzen in einen kleinen See am Rundgang zu werfen. Vielleicht wollten sie so das Wiederkommen an diesen Glücksort beschwören. Am Ausgang steht der steinerne Höhlenzwerg, und es geht wieder ans Tageslicht.

● Atta-Höhle, Finnentroper Straße 39, 57439 Attendorn, Tel. (0 27 22) 9 37 50
atta-hoehle.de
● ÖPNV: Haltestelle Attendorn Attahöhle

Landpartie mit Charme

Markt auf Schloss Wocklum bei Balve

Eine Landpartie im idyllischen Orletal bei Balve gefällig? Im Wonnemonat Mai, meist um das Pfingstfest herum, und im Herbst öffnet die Anlage von Schloss Wocklum alljährlich ihre Pforten. Schon am Eingang vernimmt man ungewöhnliche Klänge, die sich später dem Jagdhornorchester zuordnen lassen. Rund 150 Aussteller präsentieren Kunst und Handwerk in den Gebäuden der weitläufigen Anlage und in zahlreichen Pavillons. Ausgefallene Kleidungsstücke, Schmuck, Gartendekoration und Gemälde lassen sich in der Scheune oder im Freien entdecken.

Auch das Kulinarische kommt nicht zu kurz. Probieren kann man exotische Gewürze am Torbogen oder Crêpes am Oldtimer. Sekt, Cocktails und Wein werden an verschiedenen Ständen feilgeboten. Der Cappuccino schmeckt an einem der blumengeschmückten Tische, dazu ein Stück leckere Torte. Für die musikalische Untermalung sorgen Schlagersänger, Bläser und Bands auf verschiedenen Bühnen. Vielfältige Attraktionen für Jung und Alt, für Familien und Freundinnen bietet die Landpartie auf diese Weise. Das alles spielt sich ab im Schatten des mächtigen, geschichtsträchtigen Schlosses Wocklum, das sich seit dem 17. Jahrhundert im Besitz derer von Landsberg-Velen befindet.

Auf keinen Fall sollte man sich eine Führung durch dieses Schloss entgehen lassen, das auch aktuell noch von der Adelsfamilie bewohnt wird. Jakob von Landsberg-Velen, geboren 1987, ist der jüngste Spross und arbeitet sich gerade in die Bewirtschaftung der Güter ein.

Das Schlossinnere steckt voller Schätze aus unterschiedlichen Epochen und Ländern. Da finden sich barocke Gemälde neben Porzellan aus China und verspielter Kunst aus der Zeit des Rokokos. Bemerkenswert ist auch die Schlosskapelle in der ersten Etage, in der eine Originalorgel aus der Zeit des Barock steht. Französische und italienische Werke spielt ein Meister seines Fachs für die Besucher auf dem kleinen Instrument. Die Klänge noch im Ohr, wird das Schloss über die Außentreppe verlassen und der Blick schweift genießerisch über die malerische Anlage.

● Schloss Wocklum, Wocklumer Allee, 58802 Balve, Tel. (0 28 62) 41 80 00
schloss-wocklum.de
● ÖPNV: Haltestelle Helle, dann ca. 10 Minuten Fußweg

Auftanken auf dem Weg

8

Herz-Jesu-Kirche in Schmallenberg-Gleidorf

Unterwegs auf dem Jakobsweg oder mit dem Rad auf dem Sauerland-ring wird nicht nur für das leibliche Wohl gesorgt, sondern es gibt auch Ladestationen für die Seele. Ein solches Angebot hält die Herz-Jesu-Kirche in Gleidorf bereit. Sie stellt sich auf die Stimmung der Be-suchenden ein. In dem modern gestalteten Gotteshaus von 1983 lässt sich auf einem Display am Eingang wählen: das Menü zeigt Begriffe wie Freude, Ruhe, Genuss, Traurigkeit oder Gospel an.

Mit jedem Buttondruck auf dem Bildschirm verändert sich die Kirche, erscheint in einem anderen Licht. Der Altarraum mit dem von roten Glassteinen umgebenen Kruzifix wird in warmes grünes Licht getaucht. Aha. Nach etwa drei Minuten ist klar, wie die Bedienung funktioniert. Also den Button „abbrechen" berühren, um noch weitere Installationen anzuschauen. Doch auf dem Bildschirm wird man eines Besseren belehrt: Diese Kirche solle ein Ort der Ruhe sein, heißt es. Des-halb könne der nächste Punkt erst wieder nach einer Minute aktiviert werden. Zappen ist nicht angesagt. Eine Minute inne-halten, die Atmosphäre dieser schlichten katholischen Kirche genießen; der Blick gleitet vom Altar zu den Heiligenstatuen in der Ecke. Die Minute ist herum. Dieses Mal fällt die Wahl auf „Musik". Das „gregorianische Halleluja" soll es sein. Wieder ver-ändert sich das Licht und wechselt zu Violett. Ein Männerchor singt kraftvoll das „Halleluja" nach der Melodie, die Leonhard Cohen bekannt gemacht hat. Vier Minuten meditieren auf der Kir-chenbank; zuhören, den Klang in sich aufnehmen. So entfaltet sich die Wirkung von Farbe, Licht, Raum und Musik in aller Kraft. Die Gedan-ken schweifen und die Seele atmet auf. Ein Wiederkommen lohnt sich, dann kann man ja weitere Einstellungen ausprobieren. Der Besuch der Lichterkirche am Weg hat den Tag heller und heiterer gemacht. Die Kirche liegt ebenso wie die evangelische Schwesterkirche, die Auferste-hungskirche, direkt am Jakobsweg, ein schöner Ort, um spirituell auf-zutanken.

TIPP

Ebenfalls sehenswert ist die evange-lische Auf-erstehungs-kirche nebenan.

● Herz-Jesu-Kirche Gleidorf, Kirchstraße 4, 57392 Schmallenberg-Gleidorf
● ÖPNV: Haltestelle Gleidorf Unterdorf, dann ca. 5 Minuten Fußweg

Himmelstreppe zur Aussicht

9 Der Hennesee bei Meschede

Viele Wege führen zum Hennesee im Herzen des Sauerlands. Wer es bequem mag, kann mit dem Auto anreisen. Parkplätze in der Nähe des Staudamms ermöglichen einen barrierefreien Zugang über ein Stück Fußweg. Die sportliche Variante führt von Meschede durch den Hennepark über die Himmelstreppe. Bis zum Staudamm sind 333 Stufen zu erklimmen. Per aspera ad astra! Über raue Pfade gelangt man zu den Sternen. Oben angekommen, wird die Ausdauer mit einem atemberaubenden Ausblick über den Hennesee belohnt. Tief unten liegt die Talsperre, die in einem trockenen Sommer wenig Wasser enthält. Rundum erstreckt sich das Rothaargebirge. Wald und Landschaft, soweit das Auge reicht.

Besonders attraktiv ist die Erkundung mit dem Fahrrad. Der Weg um die Talsperre ist durchgehend asphaltiert. Über weite Strecken wird der Pfad von Bäumen gesäumt. Auf halber Höhe radelt man ungefähr 14 Kilometer um den See. Es lohnt sich, zwischendurch anzuhalten, um den Ausblick zu genießen. Durch Laubwerk öffnet sich der Blick auf das verzweigte Gewässer. Bänke laden zum Sitzen ein. Im Wasser spiegelt sich der Wald, je nach Jahreszeit mal grün, mal braun, mal bunt. Hin und wieder kommen andere Radfahrer des Weges, aber an Werktagen geht es ruhig zu. Moderate Anstiege und Abfahrten sind zu bewältigen. Nach etwa sieben Kilometern biegt der Weg ab an das gegenüberliegende Ufer. Hier verläuft der Radweg parallel zur Straße. Natürlich könnte man umdrehen und wieder den beschaulichen Weg jenseits des Verkehrs einschlagen, doch der Reiz, die Perspektive zu wechseln, ist größer. Wie ein Tunnel aus Bäumen nimmt sich der Wald nun auf der gegenüberliegenden Seite aus. Vorbei an einem Hotel geht es zurück zum Staudamm.

Mit etwas Glück ist der Kiosk dort geöffnet, um ein Getränk zu kaufen. Mit noch mehr Glück und zur passenden Uhrzeit lässt sich der Sonnenuntergang beobachten, der sich im Wasser spiegelt. An einem klaren Abend beschert die Natur ein grandioses Schauspiel.

TIPP

Auf dem SinnePfad am See lässt sich an Mitmachstationen Natur sehen, hören, fühlen und schmecken.

● Hennesee, 59872 Meschede
● ÖPNV: Haltestelle Meschede Hennesee

Nostalgie unter Dampf

10 Die Sauerländer Kleinbahn in Herscheid

Dichter Dampf steigt zwischen grünen Hügeln auf. Mitten im Sauerland, in Herscheid-Hüinghausen, nimmt die „Bieberlies" schnaufend ihren Betrieb auf. Unter gewaltigen Anstrengungen und mit kräftigem Kohlegeruch setzt die Lokomotive sich in Bewegung. Immerhin 2,4 Kilometer Schmalspurgleis sind bis zur Haltestelle Köbbinghausen zu überwinden. In den Waggons sitzen Fahrgäste, meist Familien mit kleinen Kindern, und zücken altmodische Fahrkarten aus Pappkarton, als der Schaffner das Abteil betritt.

Er gehört, ebenso wie der Lokführer und der Fahrkartenverkäufer, dem Verein Märkische Museums-Eisenbahn e.V. an. Dieser Verein gründete sich, um die Inselbahnen von Juist und Spiekeroog, die letzten Schmalspurbahnen, zu retten. Im Sauerland wurden die Bähnchen, von den Anwohnern liebevoll „Schnurren" genannt, bereits in den 1960er-Jahren aus dem Verkehr gezogen. Ihr Altenteil verbrachten sie auf den Nordseeinseln, bis die Sauerländer sie zurückholten. Lok „Bieberlies" wurde als Dauerleihgabe aus dem Hessischen importiert. Sie zieht nun an den Betriebswochenenden die Waggons auf der ehemals stillgelegten und teilweise wieder in Betrieb genommenen Strecke zwischen Herscheid und Plettenberg. In der Ausstattung zeigt sich die Liebe zum Detail: Ein nostalgischer Fahrkartenschalter und Schilder mit der Aufschrift „Nicht aus dem Fenster lehnen" werden von Schaffnermützen ergänzt. „So ist man zu meiner Zeit Eisenbahn gefahren", erklärt ein älterer Herr seinem Enkel.

Beiden bereitet die langsame Fahrt durch die idyllische Landschaft sichtlich Vergnügen. So wie auch den anderen Fahrgästen, die während der Rangiermanöver immer wieder aussteigen, um Fotos zu schießen von der dampfenden „Bieberlies", dem heimlichen Star. Anschließend können die Fahrgäste Grillwurst und Bier an einem Stand neben dem Bahnhof verzehren. Oder sich im Bahnhofscafé mit Torten und Kuchen versorgen. Und sich Geschichten vom Bahnfahren anno dazumal erzählen lassen. Ein bewährtes Rezept für einen glücklichen Nachmittag!

TIPP

Genug gesessen? Die Versetalsperre lädt zu einem Uferspaziergang ein.

● Bahnhof Hüinghausen, Elsetalstraße 46, 58849 Herscheid-Hüinghausen, Tel. (0 23 57) 46 37, sauerlaender-kleinbahn.de
● ÖPNV: Haltestelle Herscheid-Hüinghausen

Romantisches Westfalen

11 Das Hönnetal bei Balve

„Es ist eine romantische Wanderschaft; das Tal klemmt sich immer wilder und düsterer endlich zur engen Schlucht zusammen; die schmale Hönne rauscht pfeilschnell unten über kantige Felsbrocken ...", so beschrieb im 19. Jahrhundert der Schriftsteller Levin Schücking das Hönnetal. In der Tat: Selbst wenn der Fluss wegen des heißen Sommers zu einem Rinnsal schrumpft, ist und bleibt diese Flusslandschaft wunderschön. Von Volkringhausen aus führt die Wanderung etwa 1,5 Kilometer zwischen der Bahnlinie zur Linken und der Hönne zur Rechten entlang. Eine tiefe Schlucht hat sich im Laufe von Zehntausenden Jahren in die Felswände gegraben. Dann gabelt sich der Weg; links geht es steil einen immer schmaler werdenden Pfad hinauf. Oben mündet der Pfad wieder auf einen breiteren Weg, Wiesenfelder öffnen sich, Hochsitze sind zu sehen und Lichtungen mit Holzstapeln.

Ab jetzt gibt es Waldbaden pur: Lichter Mischwald und Fichtenschonungen wechseln sich ab. Man hört die Vögel singen. Eine Raupe schiebt sich fast über den Wanderschuh. Der Weg, mit V1 gekennzeichnet, wird zu einem Teil der 240 Kilometer langen Sauerland-Waldroute. Allmählich geht es zurück in das Tal. Doch vorher, fast unvermutet, taucht an einer Biegung die Feldhoff-Höhle auf, eine der zahlreichen Höhlen, die das Wasser in den Kalkstein gewaschen hat. Hineingehen ist nicht erlaubt, aber mal hineinschauen natürlich schon und ganz vorsichtig ein paar Schritte in den Eingangsbereich setzen auch. Hinter der nächsten Biegung wird der Blick auf die Sieben Jungfrauen gelenkt, eine Felsformation auf der anderen Seite der Schlucht. Wieder unten angelangt, führt der Wanderweg auf verschlungene Pfade. Auf diesem Pfad kommt man dem Fluss besonders nah. Geheimnisvoll spiegeln sich Bäume im Wasser. An der Schützenhalle geht die erlebnisreiche Wanderung zu Ende, die auf sieben Kilometern viele Reichtümer des Hönnetals bereitgehalten hat. „Das romantischste Thal Westfalens" hat einst die Dichterin Annette von Droste-Hülshoff dieses Tal genannt. Recht hat sie.

TIPP

Die Reckenhöhle am Hönnepfad lohnt einen Besuch. Eintrittskarten gibt es im Haus Recke.

● Start und Ziel: Balve-Volkringhausen, Parkplatz Glashütte, hoennetal.de
● ÖPNV: Bahnhof Balve-Volkringhausen, dann ca. 5 Minuten Fußweg

Alpakas für die Seele

 ## Die Inti Alpaka Farm bei Kierspe

„Ich bin die Nina! Und ich die Christiane", so stellen sich die beiden Farmbetreiberinnen vor. Vorname genügt, es geht familiär zu zwischen Eseln, Ponys und Alpakas. Der Ziegenbock ist im Stall geparkt, weil er manchmal seine Hörner zeigt. Die Alpakas, die zur Familie der Kamele gehören, grasen hinter den Gebäuden. Neugierig nähern sich die männlichen Tiere, die weiblichen auf der Nachbarweide bleiben fern. Ein herzerwärmender Blick, wenn Jerry mit dem rehbraunen Fell antrabt. Neugierig streckt er den Kopf vor, nimmt Futter aus der Hand und lässt sich streicheln. Dann wendet er sich wieder ab.

Die beiden Frauen betreiben die Alpaka-Farm bei Kierspe seit 2016. „Wieder eine verrückte Idee", hieß es anfangs auf den umliegenden Sauerländer Bauernhöfen. Doch die Inti-Farm – „Inti" ist Peruanisch und bedeutet Sonne – floriert. Gerne kommen junge Paare oder Familien, gehen mit Alpakas spazieren und genießen hinterher einen Kaffee unter dem Baum auf der Weide. Auf einem Parcours mit Sägespänen dürfen bei Kindergeburtstagen Ponys geritten und Alpakas geführt werden. Sogar einem Altenheim haben einige der Alpakas schon einen Besuch abgestattet.

„Einfach entspannt die Seele baumeln lassen!" Jetzt holt Nina das Halfter und lockt Amigo heran. Sowie er an der Leine ist, weiß er: Showtime! Er ist jetzt im Dienst, also posiert er. Mehr als einen Job pro Tag und Tier gibt es allerdings nicht, denn: „Die Tiere sind unsere Partner, und sie sollen gerne mit uns arbeiten." Kinder und Erwachsene, ob mit Handicap oder ohne, freuen sich über die zutraulichen Tiere. Schließlich wurde mancher schon von einem Hund bedroht, aber noch niemand von einem Alpaka. Die peruanischen Klein-Kamele – sie reichen den Menschen kaum bis zum Kinn – haben fröhliche Gesichter und fühlen sich kuschelweich an. Sie machen einfach gute Laune. „Klar kann man auch ohne Alpakas leben – aber mit ihnen ist es lustiger", finden Nina und Christiane. Amigo folgt bis zum Eingang, Nina tätschelt ihn: „Ist gut für heute. Du hast einen prima Job gemacht!"

● Inti Alpaka Farm, Vornholt 1, 58566 Kierspe, Tel. (0 23 53) 13 76 70
alpaka-farm-inti.de

Luftige Träume

13

Flugplatz Rennefeld bei Schmallenberg

Im Jahr 2022 brummte die Luft in Schmallenberg von Flugzeugen. Piloten und Pilotinnen aus ganz Deutschland trafen sich erstmals im Hawerland zum Waffel-Fly-In. Eingeladen hatte die Fluggemeinschaft Rennefeld. Ein nun jährliches Spektakel für die ganze Familie – Touristen wie Einheimische.

Und selbst einmal (mit-)fliegen? Geht auch. Da die etwa 50 Piloten und Pilotinnen der Fluggemeinschaft ehrenamtlich fliegen, ist der Flug erschwinglich. Ein paar Voraussetzungen müssen erfüllt sein, dann kann man in die Lüfte steigen: Das Wetter muss gut sein, eines der Flugzeuge bereitstehen, ein Pilot Zeit haben. Passt alles, kann es losgehen. In knapp 1000 Metern Höhe das Sauerland im 360-Grad-Blick – ein Traum, vor allem bei Sonnenaufgang. Mit einem der Segelflugzeuge, in denen schon Jugendliche ab 15 Jahren ihren ersten Flugschein machen können, kann es sogar lautlos in die Luft gehen. Und wer den Gyrokopter chartern kann, darf sich glücklich schätzen: Dieser Minihubschrauber erlaubt dem Fluggast einen fantastischen Panoramablick. Angst vorm Fliegen muss hier niemand haben: Die Flugzeuge sind nach neuesten Sicherheitsbestimmungen ausgerüstet.

TIPP

Wanderung von Schmallenberg (Schützenplatz) nach Renneberg Flugplatz, über Wormbach und Werpe zurück.

Bei den Rundflügen wird auch gern auf die Wünsche des Fluggastes eingegangen. Mein Wanderweg, mein Haus, mein Ferienort. Wo haben Kyrill und Borkenkäfer gewütet? Die Piloten geben Tipps und zeigen beispielsweise die Wintersportarena Winterberg von oben, wo sich die weißen Pisten wie Tentakeln die bewaldeten Berghänge hinunterwinden. Benedikt Thimm, Mitglied des Vereins, liebt vor allem das Pumpspeicherwerk in Rönkhausen. Den Blick auf die beiden Wasserspeicherbecken, zwischen denen 270 Meter Gefälle liegt. Nachts wird das Wasser heraufgepumpt, das tags dafür sorgt, dass es keine Stromengpässe gibt.

Wer dem Treiben auf dem Flugplatz nur zuschauen will, ist herzlich eingeladen in die Rennefeld Stuben. Von der Terrasse hat man einen herrlichen Blick über das 900 Meter lange Flugfeld.

● Flugplatz Rennefeld der Fluggemeinschaft Rennefeld e. V., Zum Rennefeld 50, 57392 Schmallenberg, Tel. (0 29 72) 63 61, rennefeld.de

Baden so wie früher

14 Die Listertalsperre bei Drolshagen

Der Kiesstrand reibt unter den bloßen Fußsohlen. Nach wenigen Metern ist das Wasser erreicht. Einmal mit dem Fuß hineingetippt, ach, so kalt ist es nicht, wir haben schließlich Hochsommer. Zwei Kinder planschen auf einer Luftmatratze und spritzen. Jetzt erreicht der Wasserspiegel die Oberschenkel. Dreimal tief Luft holen, und hinein in das nasse Vergnügen. Bei bewölktem Himmel und einer Lufttemperatur um die 22 Grad hält sich der Andrang in der Badebucht an der Listertalsperre aktuell in Grenzen. Die ersten Schwimmzüge im leicht trüben Wasser, geheimnisvoll undurchsichtig, bringen Erinnerungen an die Kindheit zurück. Taucht man unter und öffnet die Augen, so fühlt man sich wie in einer grünen Blase, umgeben von weichem Nass.

Auf den Rücken gedreht, den Blick zum Campingplatz gerichtet, kommen weitere Erinnerungen. Dort verbringen heute so wie früher die Holländer den Sommer. In der Schulzeit baggerten die Klassenkameraden die großen, blonden Mädchen an. Das Ufer liegt schon ein ganzes Stück entfernt, doch bis zur anderen Seeseite scheint es zu weit. Noch einen Bogen schwimmen, und langsam es geht zurück. Der Blick fällt auf die Brücke, über die der Weg zu diesem Badeplatz führt. Ein Ensemble aus Fachwerkhäusern steht am Wasserrand, es handelt sich um das Restaurant Kalberschnacke. Dort befindet sich unter anderem frisches Matjesfilet aus Holland im Angebot. Doch der Weg nach dem Baden führt nicht zum Restaurant, sondern zum noch näher gelegenen Kiosk. Currywurst mit Pommes lautet die Bestellung. Der Mann an der Theke dreht sich um und lässt die tiefgefrorenen Kartoffelstäbchen in die Fritteuse gleiten. Anders als früher gibt es statt Orangenlimo heute ein Bier, allerdings alkoholfrei wegen der späteren Autofahrt. Mit Speisen und Getränk beladen, findet sich noch ein freier Platz an einem der rustikalen Holztische unter dem Sonnenschirm. Den Blick auf die Talsperre unter dem Wolkenhimmel gerichtet, schmeckt die Currywurst noch einmal so gut. Fast so wie früher.

TIPP

Auf dem Campingplatz an der Kalberschnacke 8 gibt es Schlaffässer zum Übernachten.

● Listertalsperre beim Restaurant Gut Kalberschnacke, Kalberschnacke 4, 57489 Drolshagen

Auf Safari im Sauerland

 15 Die Ochsentour bei Lüdenscheid

Der Weg führt durch den Wald hinauf zum Turm an der Homert. Da tauchen sie auch schon auf: Schilder mit Ochsenköpfen, angebracht an Fichtenstämmen. Folgt man ihnen, so geht es fast einen Kilometer einen bewaldeten Hohlweg hinab. Überraschend stößt man unten auf eine große, hell schimmernde Fläche. Ein mit rotbraunem Laub bekleideter Baum leuchtet im Sonnenlicht. Im Hintergrund ist eine Siedlung erkennbar, offenbar ein Teil der Bergstadt Lüdenscheid. In der Ferne weidet eine Herde Heckrinder, die dem Wanderweg seinen Namen gaben. Sie „pflegen" die Magerweiden. Früher befand sich an dieser Stelle der Truppenübungsplatz Stilleking. Seit 1994 ist dieses Areal Naturschutzgebiet.

Gut eine Stunde dauert die Umrundung der Freifläche. Es geht immer am Zaun entlang, man kann sich also nicht verlaufen. Auf dem vier Kilometer langen Rundweg kommt man den friedlich grasenden Heckrindern zumindest ein wenig näher, wenn auch nicht wirklich nah. Fast fühlt man sich wie auf Safari. Mit einem Fernglas oder mit dem Teleobjektiv lassen sich die Tiere beobachten. Einige sind hellbraun wie Karamell, andere haben ein mittelbraunes Fell und die Dunkleren unter ihnen tragen Schokoladenbraun. Im milchigen Licht eines Spätherbsttages heben sich die langen gebogenen Hörner der Bullen und Kühe schwarz gegen den Horizont ab. Die Szene hat fast schon etwas Mystisches.

Nicht nur Rinder gibt es auf diesem besonderen Fleckchen Erde, auf diesem wundersamen Stück Natur. Auch Vogelkundler kommen auf ihre Kosten: In guten Jahren lassen sich die seltenen Wiesenpieper beobachten. Vielleicht taucht sogar ein Schwarzstorch oder ein Wespenbussard auf? Noch einmal durchatmen, dann geht es an den Aufstieg zurück zum Turm. Wieder am Ausgangspunkt angekommen, kann man es sich auf einer Holzliege bequem machen. Schwung holen und mehrfach drehen, bis der Blick wieder auf die Weide gerichtet ist. Die Ochsentour ist in jedem Fall ein beglückendes Erlebnis für Naturfreunde – und alle, die es hier werden.

● Ausgangspunkt Wanderparkplatz Werkshagener Straße, 58515 Lüdenscheid

Vom Glück der Neugier

Phänomenta Lüdenscheid

Das ist ein Tummelplatz für kleine und große Spielkinder! In der Phänomenta Lüdenscheid sind Anfassen und Ausprobieren nicht nur erlaubt, sondern erwünscht. Da kann man zum Beispiel eine Lichtdusche nehmen und die Farbschattierung selbst bestimmen. Ein Seil dreht sich in rasender Geschwindigkeit und produziert immer wieder neue Farbkombinationen; am Steuerpult lassen sich Geschwindigkeit und Farbkombinationen einstellen. Man kann in eine Seifenblase eintauchen und Töne und Lichter produzieren wie ein DJ. Ein Wählscheibentelefon lädt dazu ein, im Kanon gegen sich selbst zu singen, wenn man den Hörer abhebt und an das Ohr legt. Wer den Satz des Pythagoras verstehen will, dem sei die Skulptur im zweiten Stock empfohlen.

Besonderer Anziehungspunkt ist die Wärmebildkamera. Ein junges Paar probiert sie aus und schaut, wie sich die Farben auf dem Bildschirm verändern, wenn sie sich küssen. Die Tendenz geht in Richtung Rot. 180 interaktive Exponate auf 4000 Quadratmetern bietet die Phänomenta Lüdenscheid, deren Turm weithin sichtbar ist. 60.000 bis 80.000 Besucherinnen und Besucher finden jährlich den Weg in diese Wissenschaftsausstellung. Schulklassen kommen unter der Woche und Familien an den Wochenenden. Auf keinen Fall sollte man sich das größte Kaleidoskop Europas entgehen lassen. In die Halle eintreten, in der Mitte des runden Raums Platz nehmen, den Kopf in den Nacken legen und schauen, wie sich bei jedem Schwingen des Foucault'schen Pendels die Farben verändern. Vom 360-Grad-Panorama an der Wand ertönt mit Glockenläuten und Verkehrsgeräuschen der perfekte Soundtrack für das absolute Foto, das das Farbenspiel in der Kuppel einfängt. Spielerisch und praktisch werden in der Phänomenta Erkenntnisse aus den Naturwissenschaften vermittelt. Die Anweisungen bei den einzelnen Stationen sind bewusst knapp gehalten, denn das Ausprobieren steht an erster Stelle. Weshalb die Dinge so funktionieren, lässt sich später nachlesen. Zunächst mal heißt es: Spaß haben!

● Phänomenta Lüdenscheid, Phänomenta-Weg 1, 58507 Lüdenscheid,
Tel. (0 23 51) 2 15 32, phaenomenta.de/luedenscheid
● ÖPNV: Bahnhof Lüdenscheid, ca. 5 Minuten Fußweg

Seiltänzer & Gartenzwerge

 17

Torhaus mit Skulpturengarten am Möhnesee

Das Torhaus am Möhnesee ist legendär. Einst diente es als Pförtnerhaus zum Jagdschloss Meinolf. Heute beherbergt es eine Gaststätte und ist Ausgangspunkt für Wanderungen und Radtouren. Im Innern des malerischen Fachwerkhauses findet sich eine Wunderwelt aus Kunst und Stillleben, indirekt beleuchtet von Kerzen und kleinen Strahlern. Ein altes Klavier wartet darauf, gespielt zu werden. Spiegel brechen das Licht und geben dem Café seinen besonderen Charme. Über allem summen die Stimmen der Gäste, die sich in den weitläufigen Räumen und bei schönem Wetter draußen gut verteilen. Eine besondere Empfehlung gilt den extra großen „Torhauskuchen": Ob saisonal mit Obst belegt, etwa mit Erdbeeren, oder als Joghurttorte – einfach lecker!

Mit dem Kuchengeschmack noch auf der Zunge lässt sich die Wunderwelt des Skulpturengartens erkunden. Hier taucht man ein in eine verwunschene Gartenwelt mit duftenden Rosen, wiegenden Gräsern, Witzigem, Skurrilem und Verträumtem. Manche Kostbarkeit sieht man auf den ersten Blick; andere entdeckt man eher zufällig zwischen Lavendel und Büschen wie früher als Kind die Ostereier. Sorgfältig von Hand beschriebene Schilder bezeichnen die Kunstwerke. Ruhig, von Gräsern und Schilf umgeben, liegt der asiatisch anmutende See inmitten der Anlage. Wie auf dem Sprung in das nasse Grün steht eine Frauenskulptur im Badeanzug auf dem Steg am See. Der lebensgroßen „Bochumer Runde" – so der Name des Kunstwerks – von Olaf Kuhoff möchte man sich am liebsten zugesellen und mit einem Bier anstoßen. Folgt man den verschlungenen Pfaden in den Hinterwald, so finden sich Märchenmotive. Auch ein Gartenzwerg lächelt frech. Seiltänzer und Sternengucker lenken den Blick zum Himmel. Eine dicke Opernsängerin lehnt sich an einen Baum, und man meint, eine Mozart-Arie aus ihrem weit geöffneten Mund zu hören.

Der Spaziergang durch den Skulpturengarten ist wie eine Reise in die Welt der Fantasie. Nach dem Lustwandeln runden ein Cappuccino oder ein Sekt im Torhaus diesen wundervollen Nachmittag ab.

TIPP

Der Klangwald (Seite 112) beginnt direkt am Torhaus.

● Torhaus Möhnesee, Arnsberger Straße 4, 59519 Möhnesee-Delecke,
Tel. (0 29 24) 9 72 40, torhaus-moehnesee.de
● ÖPNV: Haltestelle Möhnesee-Delecke, Torhaus

Mit dem Wald auf Du und Du

Rangerführung an der Nordhelle

Sie sind dafür da, um im Wald nach dem Rechten zu sehen. Manchmal ermahnen sie Wanderer. Sie führen Schulklassen durch den Wald und bringen ihnen die Natur nahe. Christoph Nolte ist einer von zehn Rangern vom Landesbetrieb Wald und Holz NRW in Südwestfalen.

Ein Dutzend Erwachsener stiefelt mit ihm an diesem sonnig-kühlen Herbsttag in den Wald. Es geht auf den Sauerländer Höhenflug rund um die Nordhelle. Schon nach wenigen Minuten hält Nolte an und zeigt ein Kräuterblatt: „Das ist der Gundermann. Er wirkt antiseptisch und wurde früher bei Blutvergiftungen verwendet." Auch zum Bierbrauen diente er, bis die Kirche Einspruch erhob „wegen der berauschenden Wirkung." Spitz- und Breitwegerich helfen gegen das Jucken nach einem Mückenstich. Der Huflattich war das Klopapier des Mittelalters. „Ich wünschte, die Wanderer würden ihn auch heute benutzen anstatt der Papiertücher." Die roten Vogelbeeren seien längst nicht so giftig wie ihr Ruf. Allerdings, wer einige dieser Beeren roh verzehrt, sollte vorher sicherstellen, dass sich ein stilles Örtchen in der Nähe befindet. „Ein klarer Fall für den Huflattich", schmunzelt Nolte.

TIPP

Zum Schluss ein Kaffee in der Gaststätte Nordhelle, Panoramablick inklusive!

Der Wald ist ein organisches Wesen. Den sich wandelnden klimatischen Bedingungen hält die Monokultur nicht mehr stand. Deshalb muss sich der Wald verändern. Nolte zeigt eine Schonung, bei der viele Fichten vom Borkenkäfer befallen sind. Mittlerweile strebt man Mischwälder an, dazu werden auch Bäume aus anderen Ländern importiert, zum Beispiel die amerikanische Eiche. Sorge bereitet dem Ranger auch, dass die Nadelbäume häufiger und mehr Zapfen produzieren als früher. „Das deutet auf Stress hin." Eine Reaktion auf den Klimawandel?

Mittlerweile ist es wärmer geworden, die Sonne schickt goldene Strahlen durch das bunte Laub auf den Weg. Bei einer Rast auf der Anhöhe genießen alle die Aussicht. Als der Ranger nach dreieinhalb Stunden den Obolus einsammelt, sind alle in der Gruppe etwas schlauer. Und viel glücklicher nach einer entspannten Wanderung durch den Herbstwald.

● Wanderweg Sauerländer Höhenflug, Tel. (0 29 72) 97 02 55
sauerland-hoehenflug.de

Wolken & Liebesschwüre

19 Staumauer des Möhnesees

Sie ist eine der Hauptattraktionen des Möhnesees, sie gebietet den Wasserfluten einer der größten Talsperren der Region Einhalt: die Staumauer. Auf 650 Metern Bruchsteinmauer können Spaziergänger flanieren und die Aussicht zu beiden Seiten genießen. Nach links schweift der Blick über das lang gezogene Gewässer und saugt sich am Horizont fest. Wolkenhimmel und Waldrand treffen aufeinander, werden vom Wasserspiegel reflektiert. Auf der rechten Seite öffnet sich der Blick über den niedrigen Wasserstand des Ausgleichsweihers hinaus in eine Landschaft mit Feldern, Häusern und Bäumen. Die 40 Meter hohe, denkmalgeschützte Mauer verbindet kraftvolle Technik auf elegante Weise mit der Natur. Der Wind zaust durch das Haar, und für einen Augenblick fühlt man sich fast wie am Meer.

TIPP

Eine Schifffahrt auf dem Möhnesee lohnt immer. moehnesee schifffahrt.de

Als eine der größten Stauanlagen Europas im Jahr 1913 eröffnet, sichert das „Westfälische Meer" bis jetzt die Wasserversorgung des Ruhrgebiets. Rund 130 Millionen Kubikmeter kann die bogenförmige Mauer aufstauen. Ein Mahnmal erinnert an die Bomben der britischen Alliierten im Mai 1943, die eine große Lücke in die Mauer rissen. Mehr als 1300 Menschen kamen in den Fluten um. Bis in die großen Städte des Ruhrgebiets hinein waren die Auswirkungen der Flutwelle spürbar.

Die Staumauer ist ein geschichtsträchtiger Ort. Doch auch persönliche Geschichten nehmen Raum ein: Zahlreiche Liebesschlösser hängen an den Gittern auf der Mauer zu beiden Seiten der Türme. Wie bunte Tupfer vor der weiten Landschaft erzählen sie vom Liebesglück.

Schon Michael und Gabi haben hier in den 1980er-Jahren ihre Beziehung dokumentiert. Bärbel und Rüdiger verewigten ihr Schicksal, Nina und Matthias ebenso. Christina und Sebastian wählten das Symbol verschlungener Ringe.

Ob Sonnenschein oder Wolkenhimmel: Ein Wandel auf der Mauer macht glücklich. So viel Geschichte. So viele Geschichten. So viel Ausblick.

● Möhnetalsperre, Möhnestraße 10, 59519 Möhnesee, moehnesee.de
● ÖPNV: Haltestelle Günne Möhnestraße,
ggf. umsteigen in den Bürgerbus B2 bis Sperrmauer

Auf Bahntrassen zum Glück

20 Mit dem Rad auf dem Sauerlandradring

Auch wenn es sich bei dem Sauerlandradring nicht um eine Mountainbike-Tour handelt, flach ist er nicht. Und so sollten Radelnde für diese 84 Kilometer lange Tour über eine gute Kondition oder ein Pedelec verfügen. In jedem Fall sollte man sich den ganzen Tag Zeit nehmen. Start ist in Finnentrop: Über die Bahngleise hinweg geht es hinunter zur Lenne. Nun muss man sich entscheiden: zuerst durch das Lennetal und dann über die Bahntrassen oder umgekehrt? Die Gruppe wählt die Trassenvariante und fährt Richtung Lenhausen, vorbei an dem Metten-Werk; dort werden die bekannten Sauerländer Würstchen hergestellt. Kurz danach beginnt die erste lange Steigung hinauf zum Fledermaustunnel. Dieser ist nur in den Sommermonaten geöffnet und bietet an heißen Tagen erwünschte Abkühlung. Die anschließende Abfahrt hinunter nach Eslohe ist das pure Vergnügen. Erstes Drittel geschafft!

Nach dem Mittagessen folgt der nächste Aufstieg nach Bad Fredeburg bis zum höchsten Punkt auf 460 Metern. Eine grandiose Aussicht auf die Fachwerkdörfer entschädigt für die Anstrengung. Wer will, kann sich von einer der beiden Kirchen in Gleidorf zu Ruhe und Meditation einladen lassen. In Schmallenberg könnte man eine kleine Pause einlegen, bevor es hinunter zur Lenne geht.

TIPP

Zu Mittag schmecken Forellen oder Wild im Forellenhof Poggel in Eslohe. forellenhof-poggel.de

Der Lenne-Radweg im letzten Drittel der Tour enthält einige der schönsten Abschnitte. Es geht durch lichtdurchflutete Wälder. Eine romantische Flusslandschaft breitet sich mal links, mal rechts des Weges aus. Schmale Brücken überqueren das Gewässer, einige Abschnitte führen über die Bundesstraße. Besonders idyllisch ist es im Kurort Saalhausen. Endspurt: Mit letzter Kraft und letzten Stromreserven im Akku fährt die Gruppe in der untergehenden Sonne nach Finnentrop, dem Ausgangspunkt. Wer der Beschilderung folgt, wird noch einige Male hinauf und hinab geführt. Am Ende der Fahrt stehen 86 Kilometer auf dem Tacho. Die Radtruppe ist erschöpft, aber glücklich, nach einer abwechslungsreichen Tour durch wunderschöne Landschaften und Orte.

● Sauerlandradring, sauerlandradring.de
● ÖPNV: Bahnhof Finnentrop

Lehrstück fürs Leben

21 Das Labyrinth von Menden

Ein Labyrinth ist ein verschlungener Weg ohne Abzweigungen. Die Herkunft des griechischen Wortes bleibt dunkel, obwohl es Labyrinthe seit mehr als 3000 Jahren gibt. Im Mittelalter erlebte das Labyrinth eine Renaissance. Man findet es eingelassen in Kathedralenböden, das bekannteste befindet sich in der gotischen Kathedrale von Chartres. Ihm nachgebaut ist ein Labyrinth an der katholischen Kirche Maria Frieden in Menden. Mittlerweile ist es zu einem Magnet geworden für Menschen, die über sich und ihr Leben nachdenken wollen. „Viele glauben, ein Labyrinth sei ein Irrgarten", erklärt Gemeindereferentin Regina Bauerdick. „Doch man kann sich nicht verlaufen. Immer führt der Weg zur Mitte." Dieser Weg hat viele Wendungen. Manchmal geht es eine längere Strecke auf glattem Weg, dann folgen Kurven. „Wie im wirklichen Leben."

TIPP

Begehen Sie den halbstündigen Labyrinth-Rundweg „LY", ausgehend vom Labyrinth.

Durch die Bäume oberhalb des Labyrinths sieht man die Kirche und auf der anderen Straßenseite die gigantische Stollenanlage Rheinkalk. Im Jahr 2012 haben 17 Jugendliche dieses Labyrinth aufgebaut. Bei der benachbarten Firma Rheinkalk hatten sie Steine ausgesucht und lose verlegt. Ursprünglich war geplant, das Labyrinth dann auf einem anderen Platz einzubetonieren, um es vor Vandalismus zu schützen. Wie durch ein Wunder aber blieb das Labyrinth aus losen Steinen bisher unversehrt.

Regelmäßig wird dort zu Meditationen eingeladen. Da geht es um das Innehalten und um die Frage, was wichtig ist im Leben. Oft gibt es eine Überraschung. In der Mitte wird zum Beispiel Sekt mit Holundersaft angeboten, sie ist jedoch kein Ort zum Verweilen oder Sesshaftwerden. Eher ist das Zentrum des Labyrinths ein „Hochsitz", von dem aus sich das Leben neu und anders betrachten lässt. Manchmal begehen die Besucher und Besucherinnen den Labyrinthweg, der zunächst steil bergauf führt und dann durch Oberrödinghausen zurück zum Labyrinth selbst. In einem Kasten am Eingang des Labyrinths finden sich Anregungen und Gedankennotizen. „Auftanken, zur Ruhe kommen", das ist laut Bauerdick das Hauptanliegen.

● Mendener Labyrinth an der Kirche Maria Frieden, Hönnetalstraße 118, 58710 Menden (an der B515), mendener-labyrinth.de
● ÖPNV: Haltestelle Menden-Oberrödinghausen

Nur Fliegen ist schöner

22 Wanderweg Sauerland-Höhenflug

Die Welt von oben betrachten. Blicke schweifen lassen über Landschaft satt, gelbe Felder, grüne Wiesen, auf denen Kühe in Spielzeuggröße weiden. Am Horizont zeigen sich Gebirgszüge, und immer wölbt sich der Himmel. Zwischen den Gipfeln lässt sich auf von Licht überfluteten Wegen wandern, gesäumt von Büschen und Farnen. Der Duft nach Beeren und feuchter Erde steigt in die Nase. Das Rauschen der Bäume versetzt in meditative Stimmung.

„Nur Fliegen ist schöner!" lautet das Motto des Fernwanderwegs Sauerland-Höhenflug. Auf 250 Kilometern geht es von einem Panoramapunkt zum anderen. Der Weg erstreckt sich vom hessischen Korbach im Osten bis nach Meinerzhagen beziehungsweise Attendorn im Westen. Ausgedehnte Wälder, verwunschene Moore, Bergwiesen und traumhafte Ausblicke belohnen diejenigen, die auf Schusters Rappen unterwegs sind. Viele Orte lassen sich aber auch mit Bahn und Bus anfahren.

Beispiele für lohnende Wanderungen gefällig? Von Neuenrade zur Burgstadt Altena im westlichen Abschnitt führt ein Weg über den Kohlberg mit Aussicht vom Quitmannsturm. Weiter geht es über den Flugplatz Hegenscheid zur Burgstadt Altena mit einem grandiosen Ausblick auf das Lennetal. Noch höher hinaus geht es weiter östlich auf der Wanderung von Reiste nach Bad Fredeburg. Hier werden Gipfel von über 600 Meter über Normalnull erklommen. Den Sauerländer „Olymp", den Kahlen Asten, erreicht man ebenfalls über den Höhenflug. Mit 25 Kilometern und 658 Höhenmetern zwischen Hallenberg und Winterberg wird die Strecke über diesen höchsten Gipfel als „schwer" eingestuft. In elf oder zwölf Tagesetappen lässt sich der Höhenflug von West nach Ost erwandern. Oder umgekehrt.

Kennzeichen des Sauerland-Höhenflugs ist ein weißes „H" auf orangefarbenem Grund mit einem aufstrebenden Querstrich. Stets ist das Zeichen gut sichtbar, sodass es leichtfällt, dem Weg zu folgen. Wer sich in die Geheimnisse der Natur einführen lassen will, kann an einer Rangerführung teilnehmen.

....

● Wanderweg Sauerland-Höhenflug, sauerland-hoehenflug.de
● ÖPNV: Bahnhof Neuenrade, westfalenbus.de

Dem Himmel so nah

23 Wildewiese im Hochsauerland

Wildewiese ist ein kleiner Ort im westlichen Sauerland mit etwa 90 Einwohnern. Bekannt ist Wildewiese für Skipisten und Langlaufloipen. Fünf Lifte auf einer Höhe bis zu 645 Metern finden Wintersportfans hier vor. Doch nicht nur im Winter lohnt ein Besuch. Wegen seines einzigartigen Panoramas ist das Bergdorf zu jeder Jahreszeit eine Attraktion. Vom Parkplatz aus sind es noch etwa 500 Meter zum höchsten Punkt. Dort befindet sich der Aussichtsturm Schomberg, der den Gipfel, immerhin 647 Metern über NN, noch einmal um 28 Meter erhöht. Etliche Stufen sind zu überwinden, immer im Kreis, bis die Plattform erreicht ist. Der Ausblick entschädigt für die Mühe. Ein fest montiertes Fernglas kann kostenlos benutzt werden. Bis Soest oder sogar bis in das Münsterland lässt sich bei klarer Sicht schauen; über sich Luft und Wolken, fühlt man sich dem Himmel ganz nah. Der Ort Wildewiese, nur wenige Hundert Meter Luftlinie entfernt, erscheint klein wie eine Miniatur. In die andere Richtung finden sich Berge, Bäume und Wiesen, so weit das Auge reicht. Wenn der Blick durch die satte Landschaft schweift, erschließt sich, warum das Sauerland auch „Land der tausend Berge" genannt wird. Hügel reiht sich an Hügel. Zwischen dunklen Wäldern finden sich helle Flächen – Weideland. Unterhalb des Turms halten sich Pferde auf. Es ist still bis auf das Rauschen des Windes. Vor allem Städterinnen und Städter schätzen den Ort als Oase der Ruhe.

Wieder zurück auf festem Boden bietet es sich an, einen Waldspaziergang zu machen. Kürzere Rundgänge, mit „W" gekennzeichnet, führen rund um Wildewiese. Immer wieder zu sehen ist auch das weiße „H" auf orangefarbenem Untergrund, das Kennzeichen für den Sauerland-Höhenflug, einen der Fernwanderwege durch die Region. Alte Bäume gibt es zu entdecken. Ein Weg führt zur Sorpequelle, und immer wieder laden unterwegs Bänke zum Sitzen und Ausruhen ein. Anschließend empfiehlt sich eine Einkehr in einer der Gaststätten in Wildewiese, um einen glücklichen Tag ausklingen zu lassen.

TIPP

Die regionale Küche der Gaststätte Steinbergs (Wildewiese 1, 59846 Sundern) genießen.
steinbergs-wildewiese.de

● Wildewiese, 59846 Sundern
wildewiese.de

So schmeckt Heimatglück

 Der Landgasthof Seemer in Wenholthausen

Ein altes Gehöft, ein Biergarten mit Streuobstwiese, liebevoll eingerichtete Zimmer und regionale Kost: Das ist das Rezept für Heimatglück. Für die Schwestern Alexandra Weißenfels-Seemer und Julia Seemer war es vor einigen Jahren wie ein Nachhausekommen, als sie den Gasthof Seemer in Wenholthausen übernahmen. Seit 1536 ein Familienbetrieb, lag der Schwerpunkt in früheren Zeiten auf der Landwirtschaft. Lange Jahre beherbergte der Hof auch die Poststelle. Die Schwestern bewahren gute Traditionen und gehen behutsam neue Wege. Ihr Glück möchten sie mit ihren Gästen teilen und auch mit dem Arbeitsteam: „Wir achten auf gutes Klima!" Offensichtlich geht das Konzept auf, denn der Landgasthof Seemer ist Treffpunkt für Touristen und für Einheimische. Immer noch halten die Jäger ihren Stammtisch in der Wirtsstube ab. Unter der Woche gibt es einen Mittagstisch für die Kinder aus der benachbarten Schule. Durch alles zieht sich als „grüner Faden" Nachhaltigkeit. Der Gasthof Seemer bezieht Fleisch vom Metzger nebenan, Wild von heimischen Jägern und Käse aus Fröndenberg. Alles „made in Sauerland". Entsprechend gut mundet das Essen.

Als besondere Empfehlung gilt die cremige Tomatensuppe mit Balsamico-Sahne. Meine Begleitung kostet die Wildbrühe mit kräftiger Fleischeinlage und nickt anerkennend. Auf Pumpernickel finden sich Kernschinken oder Kümmelkäse, darauf ein gebratenes Wachtelei. Kartoffelsalat mit einem Spieß aus Champignons rundet die „Heimatplatte" ab, garniert mit Kräutern aus dem Garten. Das Salatbuffet lockt unter anderem mit säuerlicher Rote Bete, mildem Weißkraut, mittelhart gekochten Eiern und gerösteten Kernen. Kirschen in Joghurt mit Minze lassen wir uns zum Dessert servieren. Dazu gibt es ein Grevensteiner Bier aus der benachbarten Brauerei Veltins. Gute, regionale Produkte, die ihren Preis wert sind. Weil leckeres Essen glücklich macht, doch auch verdaut werden muss, kann man sich anschließend betätigen: beim Wandern oder mit dem E-Bike auf dem Wennepfad. Wer es ruhiger mag, geht zum Fliegenfischen an den Bach hinter dem Haus.

● Landgasthof Seemer, Südstraße 4, 59889 Eslohe, Tel. (0 29 73) 5 70
seemer.de
● ÖPNV: Haltestelle Wenholthausen, Hotel zur Post

Chillen und Klettern

25 Die Lennepromenade in Werdohl

Chillen oder Klettern? Das ist nicht die Frage auf der etwa eineinhalb Kilometer langen Lennepromenade in Werdohl. Hier geht viel. Start der Promenade ist gegenüber dem denkmalgeschützten Rathaus. Gleich zu Beginn können Skulpturen einheimischer Künstler und Künstlerinnen besichtigt werden. Zwischen Schatten spendenden Bäumen geht es weiter auf der Promenade. Der Picknickplatz mit den Liegen direkt am Wasser ist ein Anziehungspunkt sowohl in der Mittagspause als auch in den Abendstunden. Die Lenne fließt in Form eines W wie Werdohl durch die 18.000-Einwohner-Stadt – nicht zu übersehen ist die Lenne-Fontäne, die am Goetheplatz mehr als zwölf Meter hoch aus dem träge dahinfließenden Wasser schießt. Weiter geht es unter der Brücke hindurch, genannt „Lennespange". Natur und urbanes Leben verbinden sich miteinander. Bäume säumen die Promenade. Gleitet der Blick zur Stadt, finden sich Zeugen des industriellen Zeitalters: Fabrikhallen und Fertigungsstätten werden sichtbar, ein reizvoller Kontrast zu den grünen Ufern. Schwerpunkt im Lennetal war die Metallverarbeitung, und noch immer haben die Vereinten Deutschen Metallwerke ihren Sitz im Talkessel zwischen den Bergen. Ein Naturlehrpfad liefert Erklärungen zu Flora und Fauna an der Lenne, die sich 130 Kilometer lang ihren Weg durch das Sauerland bahnt. Weiter flussabwärts findet sich ein Touristenmagnet, der Menschen aus dem Ruhrgebiet und sogar aus den Niederlanden nach Werdohl zieht: die Naturkletterfelsen des Felsengebiets Lenneplatte. Hier sucht man vergeblich nach bunten Haltegriffen; das Ersteigen des Grauwackegesteins erfordert Erfahrung und Geschick. Lennewächter und Denkmalwand etwa verfügen über Routen von 12 bis 15 Metern. Dazugekommen sind 2015 der Lennebrüggler und die Neunerplatte. Auch auf einem Fußpfad lässt sich der Berg erklimmen, gute Puste vorausgesetzt Belohnt wird die Mühe mit einem atemberaubenden Ausblick auf die funkelnde Lenne.

TIPP

Wer die Felsen erklettert, erkennt die Bedingungen des Deutschen Alpenvereins an. dav-gummersbach.de

---

● Lennepromenade, Goetheplatz, 58791 Werdohl
● ÖPNV: Bahnhof Werdohl, dann ca. 8 Minuten Fußweg

Hier werden Märchen wahr

Balver Höhle

Schneewittchen, das tapfere Schneiderlein und die böse Fee kommen immer gern hierher. Mystisch ist die Höhle, groß und dunkel. Unerwartet streift uns ein Hauch von Ewigkeit, wenn wir sie betreten. Über Millionen Jahre strudelten Wasserläufe durch den Sandstein und wuschen die Höhle aus. Lange vor dem Menschenzeitalter wälzten sich Gesteinsbrocken durch die Hohlräume, die ihre Spuren im Stein hinterließen. Dieses uralte, natürliche Bauwerk inspiriert unsere Vorstellungskraft auf besondere Weise. Fast sieht man die Mammuts und Rentierjäger, die hier in der Eiszeit Schutz suchten. Entdeckt wurde die Höhle, weil der Stier eines Bauern durch das Höhlendach einbrach. Heute gilt sie als größte Kulturhöhle Europas mit einer phänomenalen Akustik. Ihr monumentales Eingangsportal wirkt wie der Eingang einer Kathedrale und ebenso atemberaubend ist der Eindruck im Innern. In Metern: 90 Meter lang, zwölf Meter hoch und 18 Meter breit ist eine Halle im Berg. Ein magisches Lichtspiel illuminiert die faszinierende Zeugin einer vergangenen Zeit.

TIPP

Die Höhle ist barrierefrei. Vergünstigte Tickets über festspiele-balver-hoehle.de.

Wahrlich märchenhaft sind die Aufführungen des Festspiele Balver Höhle e.V. Über vier Wochen von Mai bis Juni erstürmen Prinzessinnen, Hexen, gestiefelte Wölfe und andere Fabelwesen die Bühne. Die bezaubernden Figuren verwandeln die Höhle in eine Märchenwelt, die alte und junge Zuschauer in ihren Bann zieht. Die Welt da draußen rückt in weite Ferne. Auch bei den Mitgliedern des Vereins ist die Begeisterung spürbar, sie stemmen auf und hinter der Bühne die komplette Aufführung und Organisation. Die herzliche Gastfreundschaft beginnt auf dem Höhlenvorplatz durch die Schankwirte, Grillmeister und Kartenverkäufer der Vereinsmitglieder. Ab Juni finden die weit bekannten Konzerte und Musikfestivals statt.
Die Schützenbrüderschaft St. Sebastian Balve e.V. ist die Pächterin der Höhle. Auch Schützenfeste und private Feiern bescheren 100 bis 2300 Menschen glückliche Stunden.

● Balver Höhle, Helle 2, 58802 Balve, Tel. (0 23 75) 92 61 90
balver-hoehle.de
● ÖPNV: Bahnhof Balve, 15 Minuten Fußweg

Insel aus Farben & Licht

 27 Die Jesus-Christus-Kirche in Meinerzhagen

Wer die südsauerländische Stadt Meinerzhagen erkundet, dem fällt die reizvolle Mischung aus Tradition und Moderne auf. Eingebettet in die waldreiche Landschaft des Ebbegebirges, wird ihr Gesicht geprägt von der hohen Skisprungschanze. Im Zentrum wechseln sich Fachwerk, Schieferhäuser und Kopfsteinpflaster mit modernen Gebäuden an asphaltierten Straßen ab. Dazwischen fließt die Volme.

Wer das Herz der Stadt entdecken möchte, sollte sich eine besinnliche halbe Stunde in der Jesus-Christus-Kirche gönnen. Diese Kirche ist eine Station auf dem Jakobsweg. Von Paderborn bis Köln können Pilger dem blauen Schild mit der gelben Jakobsmuschel folgen und dabei auf historischen Pfaden wandeln. Vor rund 800 Jahren wurde das Gotteshaus im romanischen Stil errichtet. In früheren Zeiten war es katholisch und nach „Unserer Lieben Frau" benannt. Wahrscheinlich im Jahr 1573 trat die Gemeinde geschlossen zum evangelischen Glauben über. Als Emporenbasilika rheinischen Typs hat die Kirche in dieser Region ein Alleinstellungsmerkmal.

Magisches Licht strömt durch die bunten Fenster und umspielt den Altar. Meditative Stimmung und die Aura von vielen Hundert Jahren, von Gebeten und Gesang umfängt die Besucherinnen und Besucher; eine Einladung zum Durchatmen und zur Entschleunigung. Das Spiel aus Farbe und Licht lässt eintauchen in eine andere Welt.

Neben dem Altar findet sich der Taufstein. Er stammt aus dem 13. Jahrhundert und ist das älteste und wertvollste Stück im Raum. Die Fenster, die für den Lichtzauber sorgen, sind deutlich jünger. Sie stammen aus den 1920er-Jahren. Die expressive, in Blau und Rot gehaltene Glaskunst zeigt Jesus Christus bei der Taufe, beim Abendmahl und bei der Auferstehung. In den Dreiblattspitzen symbolisieren Taube, Kelch und das Auge Gottes die Glaubensinhalte. Die Fenster wurden von der Firma Otto Fuchs gestiftet, der bekanntesten Unternehmerfamilie am Ort. So zeigt sich Meinerzhagen auch hier als Mischung aus Alt und Neu, aus Industrie und Tradition.

● Jesus-Christus-Kirche, Kirchstraße 14, 58540 Meinerzhagen
evangelische-kirchengemeinde-meinerzhagen.de
● ÖPNV: Bahnhof Meinerzhagen

Grünblaue Weite

28 Der Biggesee

Die Fahrt hierher führt durch Felder, Wälder und kleine Orte, Idylle pur. Ganz im Süden des Sauerlandes, zwischen den geschichtsreichen Städten Attendorn und Olpe, mäandert der See fast wie ein Fluss um sanfte grüne Hügel. Entstanden von 1956 bis 1965, dient er als Wasserspeicher für das Ruhrgebiet. Wer See und Landschaft erkunden möchte, findet vielfältige Wege und Ziele. Für einen Überblick ersteigt man die 90 Höhenmeter zum Biggeblick. Vom Parkplatz der Campinganlage Waldenburg führt ein steiler Waldweg direkt hinauf zur Aussichtsplattform. Wer mag, nimmt den Rundweg A4 über 2,5 Kilometer. Der Skywalk bietet einen spektakulären Blick über den tiefblauen See. Das Auge erholt sich, und die Seele wird weit. Durchatmen und schwelgen. An vielen Sommerwochenenden offeriert der Sauerländer Gebirgsverein in seiner Hütte Speis und Trank – mit toller Aussicht! An Öffnungstagen ist die Schranke unten am Waldweg geöffnet, so können weniger Sportliche mit dem Auto hinauffahren.

Nur zehn Kilometer entfernt erleben Badefreunde im Strandbad am Sonderner Kopf in Olpe-Sondern Wasserspaß ohne Ende. Hier liegt mit 1.300 Quadratmetern Europas größte Badeinsel, von der auch Badefreudigen mit eingeschränkter Mobilität ein müheloser Einstieg ins Nass gelingt. Blob Base, Rutschen und weitere Attraktionen auf dem Wasser ergänzen das Spaßangebot. Ein Campingplatz und eine Tauchschule liegen gleich nebenan, und Hungrige werden im Strandrestaurant mit Gegrilltem und anderen leckeren Speisen verwöhnt.

Radfahrer und Wanderer finden hier für jeden Anspruch passende Trails und Routen. Eine leichte Fahrradrundtour (Nr. 44) führt vom Campingplatz Waldenburg bei Attendorn in 25 Kilometern um den See. Und in Sondern kann man am einzigen Seebahnhof in NRW den schönen Rundwanderweg A5 über zehn Kilometer erwandern. Hier im Olper Stadtteil liegt auch eine Anlegestelle des Ausflugsschiffs MS Bigge. Beine ausstrecken, Gesicht in die Sonne halten und die Aussicht über See und Wald genießen – nichts ist entspannender!

....

● Biggeblick, Waldenburger Bucht 11, 57439 Attendorn
sauerland.com und www.sgv.de.
● ÖPNV: Bahnhof Kraghammer, dann 30 Minuten Fußweg

Ein Wald voller Geheimnisse

29

Hörmuseum Stadtwüstung Blankenrode

Komm mit! Wir wandern mit Agnes und Konrad ins Mittelalter! Im Grün erwartet uns etwas ganz Außergewöhnliches … Ein fast zugewachsener Pfad schlängelt sich durch grüne Urwüchsigkeit. Es duftet nach Wald, und ein Summen liegt in der Luft. Dann, versteckt im hohen Gras, steht ein stiller Bursche aus Eisen auf Posten. Hier, wo die Schildwache mit der Hellebarde im Anschlag das einstige Westtor beschützt, beginnt unsere Zeitreise ins 14. Jahrhundert. Die Kinderstimmen von Agnes und Konrad ertönen aus Boxen hoch oben in den Bäumen. Sie weisen uns den Weg, der im Mittelalter durch die Stadt Blankenrode führte.

Der Abt des Klosters Corvey und der Paderborner Bischof gründeten 1248 die Stadt direkt am Warburger Weg – damals ein wichtiger Handelsweg. Heute gehen wir durch den Wald, ohne zu bemerken, dass hier einmal Häuser standen und Menschen lebten. Denn die Stadt wurde im Jahr 1393 überfallen und verwüstet. Archäologen der Gegenwart erkennen im Hügel eine ehemalige Burganlage und in der Vertiefung rundum den früheren Burggraben. Der Pfad führt über 2,6 Kilometer entlang des Wanderweges A3. An zwölf Stationen steuern Bewegungsmelder die Kinderstimmen von Agnes und Konrad, die uns vom Leben in ihrer Heimatstadt Blankenrode erzählen. Vergangenes wird lebendig und vor unserem geistigen Auge sehen wir die beiden vor uns über den Weg springen. Wir lauschen der Geschichte, die uns in die Zeit der Ritter entführt, hören Harfenmusik, die von der Burg herübertönt, und sehen Ritter über die Zugbrücke reiten. Voller Vorfreude folgen wir ihnen über den Naturpfad. Was wird uns an der nächsten Hörstation erwarten? Am Ende des Weges erschallt Kanonendonner. Die Stadt wird überfallen und die Kinder raten uns, schnell wieder in unsere Zeit zurückzureisen.

Das Hörmuseum ist Teil der KinderErlebniswelt Natur im Teutoburger Wald/Eggegebirge, das direkt an das Sauerland grenzt. Die spannenden Geschichten am Wegesrand lieben Groß und Klein gleichermaßen.

TIPP

Der Weg ist nicht kinderwagentauglich, und festes Schuhwerk ist erforderlich.

● Hörmuseum Lichtenau/Blankenrode, Eggeweg, 33165 Lichtenau
naturpark-teutoburgerwald.de

Der Wächter der Geschichten

30

Stadtführung mit dem Nachtwächter in Brilon

Wenn die Schatten aus den Ecken krochen, machte sich ein Mann auf seinen Weg durch die nächtliche Stadt. Gerüstet mit Hellebarde und Laterne hatte er für Ruhe und Ordnung zu sorgen und die Sperrstunde zu kontrollieren. Wenn die Gäste jedoch noch Durst hatten, schenkte der Wirt dem Gesetzeshüter einen Krug Bier ein. So manches Mal schlief der müde Kämpe darüber ein. Am Morgen danach hatte er „keine besonderen Vorkommnisse" zu berichten. Nach Bränden sollte er ebenfalls Ausschau halten, denn einst fielen 106 der alten Fachwerkhäuser innerhalb einer Stunde dem Feuer zum Opfer. So war das einmal …

Heute bietet die Stadtführergilde Interessierten verschiedene Führungen durch die schönen und versteckten Gassen Brilons an. Andreas Schmidt ist einer von ihnen. Er entführt uns als Nachtwächter in die Vergangenheit der Stadt. Profunde historische Kenntnisse gesellen sich zum Wissen über alte Geschichten und Dönekes, die vielleicht schon der Nachtwächter in vorigen Jahrhunderten zu berichten wusste. So gruselte es ihn des Nachts immer, wenn er auf dem Kirchhof zwischen den Gräbern hindurch zum Kirchturm ging. Aber wenn die Stadt eingeschneit war, musste die Schneeglocke geläutet werden. Bürger, die sich abends außerhalb der Stadtmauer aufhielten, fanden so, geleitet durch den Glockenklang, im Dunkeln nach Hause.

TIPP

Eine kulinarische Führung beginnt im nicht öffentlichen historischen Weinkeller des Hotels Starke.

Brilon ist reich an schmucken Fachwerkhäusern und historischen Gebäuden. An einigen wird kurz verweilt, um Historie und Kurioses kundzutun, dabei gibt es viel zu lachen. Ob Junge oder Ältere, alle lauschen gebannt den Ausführungen und staunen, wie fremd und faszinierend uns heute das Leben unserer Ahnen vorkommt.

Nach einer Stunde unterhaltsamer Führung kehren wir im Hotel Rech ein. Die Chefin empfängt uns persönlich, der Chef steht in der Küche am Herd. Nach einer fröhlichen Runde bei herzlicher Gastfreundschaft freuen wir uns auf die letzte Etappe. Zum Abschluss kehrt man gern noch in der Stadtschänke ein, wo Andreas Schmidt für Selfies in die Kamera lächelt.

● Museum Haus Hövener, Am Markt 14, 59929 Brilon, Tel. (0 29 61) 9 63 99 01
haus-hövener.de
● ÖPNV: Bahnhof Brilon, ca. 10 Minuten Fußweg

Die Hüterin des Stollens

31   Der Heilstollen in Marsberg

Hinter dem großen eisernen Tor ist es dunkel. Wem es sich quietschend öffnet, den führt das Mundloch des Stollens in eine andere Welt. Hier ist es dämmerig, kühl und den meisten von uns fremd. Nässe tritt aus dem Gestein, neben dem Fußweg fließt ein Rinnsal zum Ausgang. Die anfängliche Beklemmung legt sich schnell. Mit jedem Schritt, den wir staunend in den Berg hineingehen, legt sich die feuchte Luft wohltuend auf unsere Atemwege. Links und rechts des Weges sieht man in die Seitenstollen des ehemaligen Kupferbergwerks hinein. Der Heimatverein platzierte darin Figuren in Bergmannskluft, die im schummerigen Licht wie lebensecht wirken – es fehlt nur die Geräuschkulisse von Hammerschlägen und berstendem Felsgestein. Wir sind weit entfernt von jeglichen Alltagsgedanken.

Durch diese faszinierende Kulisse führt uns Petra Rumpel zur Höhle im Berg. Die Heilpraktikerin betreibt neben ihrer Praxis „Seelenoase" den Heilstollen. Dort angekommen, erwarten uns Liegen mit warmen Decken. Ringsherum leuchten Kerzen, die die verwunschene Atmosphäre verstärken. Petra Rumpel reicht Tee und Solewasser, dann dürfen wir die Augen schließen und uns bei ruhiger Musik entspannen. Es herrschen permanent zehn Grad Kühle bei 98 Prozent relativer Luftfeuchtigkeit. Die nahezu staub- und allergiefreie Luft ist Labsal für Patienten mit Atemwegserkrankungen. Manche Besucher fahren Hunderte Kilometer hierher, um durch die rund 45-minütige Speläotherapie Linderung und Heilung zu finden.

Eine wissenschaftliche Studie der Universität Ulm bestätigte die positiven Auswirkungen der Höhlentherapie. Die durch das Wasser aus dem Fels hervorgebrachten Mineralien haben eine vielfach stärkende Wirkung auf Körper und Geist. Die Sinterungen lagern sich in leuchtenden Farben auf den Felswänden ab. Mancherorts funkelt es geheimnisvoll wie Edelstein. Verstärkt wird der Effekt durch Events wie das „Klangerlebnis" mit Ute Kiehne. Wenn sie während der Therapie Töne auf Klangschalen und Koshis zaubert, entführt sie uns in eine traumhafte Entspannung.

....

● Heilstollen Marsberg, Mühlenstraße 40b, 34431 Marsberg, Tel. (0 29 92) 9 02 89 88
heilstollen-marsberg.de
● ÖPNV: Bahnhof Marsberg, 20 Minuten Fußweg

Besuch bei Luchs & Hase

 32 Bilsteintal Höhle und Tierpark in Warstein

Eintauchen in eine grüne Welt aus alten Bäumen. Durch das Blätterdach blinzelt die Sonne, seltene heimische Pflanzen ziehen die Blicke auf sich. Eine Blindschleiche huscht über den Weg, Vögel zwitschern. Luft holen, der Natur Raum geben, auch der eigenen. Nach einigen Schritten hört man es grunzen. Wildschweine mit ihren Frischlingen tollen über den Hang, und nebenan trotten Schafe über die Wiese. Der Weg zur Höhle führt unmittelbar an Gehegen vorbei, man ist mit den Tieren auf Tuchfühlung.

Der Wildtierpark bietet den Tieren eine natürliche Heimat. Wald, hügelige Weiden und hohes Gras sind Nahrung und Versteck. Rehen und Hirschen schaut man hier nah beim Äsen zu. Wo sonst kann man – gegen eine kleine Gebühr – Luchse bei der Fütterung beobachten? Die scheuen Katzen hört man oft, bevor man sie sieht. Es ist berührend, unsere heimischen Wildtiere so unmittelbar in ihrem natürlichen Lebensraum zu erleben. Ein Spaziergang durch den Tierpark ist wie eine Therapie – Entschleunigung für Groß und Klein.

Ein besonderer Lebensraum wartet in der Tropfsteinhöhle, ihr Eingang befindet sich mitten im Park. Tief im Berg liegt eine unterirdische Welt, deren Formen durch geheimnisvolles Licht in Szene gesetzt werden. Scheue Feuersalamander kann man hier entdecken, besonders nach einem Regenguss. Zwischen Stalaktiten und Stalagmiten hindurch führen verwinkelte Gänge, die vor Tausenden Jahren von einem unterirdischen Wasserlauf geschaffen wurden. Den gibt es sogar heute noch, und er spült weiter unten eine neue Höhle in den Stein. Zurück im Tageslicht kann man in der Waldwirtschaft Kuchen und kleine Gerichte genießen und dem Rauschen des Wildbachs lauschen. Wie der Park wird auch die Gastwirtschaft ehrenamtlich mit viel Liebe und Engagement betrieben. Zum Glück ist der Park ganzjährig geöffnet, Eintritt und Parken sind kostenlos, Spielen auf dem Waldspielplatz natürlich auch. Höhlenführungen finden im 45-Minuten-Takt gegen eine kleine Gebühr statt, und die Luchsfütterung ist separat buchbar.

● Bilsteintal, Alte Jugendherberge, Im Bodmen 54, 59581 Warstein,
Tel. (0 29 02) 27 31, bilsteintal.de
● ÖPNV: Haltestelle Warstein Bilsteinhöhle

Auf dein Wohl!

 33 ## Gräflich zu Stolberg'sche Brauerei Westheim

Wenn sich Waldluft mit Hopfen- und Malzaromen verbindet, ist man angekommen. Mit einem strahlenden Lächeln werde ich in der Familienbrauerei im idyllischen Marsberg-Westheim empfangen. Vorbei geht's an den kühlen Lagerstätten und dampfenden Braukesseln, wo eine humorvolle Westheimerin mir ausführlich die Brauvorgänge erklärt. Die Rezepte sind natürlich geheim!

Dafür darf gern alles probiert werden. Im gemütlichen „Braustübchen" wird zum perligen Hopfensaft ein leckerer Imbiss serviert. Klein und fein ist die Brauerei, im Vergleich: Die Westheimer erzeugen einen jährlichen Ausstoß von 40.000 Hektolitern, bei großen Brauereien beträgt er oft das Zehnfache. Seit 1862 wird hier handwerkliche Braukunst gepflegt. Familie von Twickel führt die Tradition in sechster Generation fort und hat einen hohen Anspruch an die Güte der erzeugten Bierprodukte. Quellfrisches Wasser aus den hauseigenen Brunnen, besonders aromatische Hopfensorten, die sorgfältige Auswahl von Weizen- und Gerstenmalz und natürlicher Zitronensaft für das „NaturRadler" stellen die Qualität sicher. Und diese Mühe schmeckt man. Das „Westheimer Wildschütz", ein naturtrübes Kellerbier, duftet nach Wald und Nüssen. Der Geschmack ist ausgewogen hopfenbitter und malzig süß. Das kräftige „Stolberg Dunkel" kitzelt schon vor dem Trinkgenuss durch sein röstaromatisches, leicht süßliches Aroma den Gaumen. Hier findet jeder sein Lieblingsbier. Vielleicht das „Hobi", ein Bier mit echtem Bienenhonig oder das „Westheimer Winter", eine Saisonspezialität. Die mehr als ein Dutzend Sorten mit oder ohne Alkohol begeistern selbst verwöhnte Bierkenner – kein Wunder, die Biere sind vielfach ausgezeichnet. Bierwhiskey, Bierbrand und -likör runden das Angebot ab. Beliefert werden nicht nur Gastronomie und Schützenfeste, sondern auch Privathaushalte in der Umgebung. Zur Brauerei gehört außerdem ein Outlet. Feine Gläser, zauberhaftes Porzellan, Haushalts-, Deko- und Genussartikel sowie das hauseigene Bier verlocken zum glücklichen Stöbern.

● Brauerei Westheim GmbH, Kasseler Straße 7, 34431 Marsberg-Westheim, Tel. (0 29 94) 8 89-0, brauerei-westheim.de
● ÖPVN: Bahnhof Marsberg-Westheim, ca. 5 Minuten Fußweg

Sommer, Sonne, süßes Leben!

34 Kultursommer in Arnsberg

Wenn es singt und klingt und die Musen durch die historischen Gassen Arnsbergs ziehen, dann ist Kultursommer! Pünktlich zum Beginn der Sommerferien steht die Stadt im Zeichen von Kunst und Kultur. Alljährlich verzaubern Künstlerinnen und Künstler aus Musik und Tanz, Literatur, Bildender Kunst sowie Schauspiel die Gäste. Vielfältige Darbietungen und Projekte zum Mitmachen laden Einheimische und Besucher ein, sich begeistern zu lassen. Die Ideen scheinen den Macherinnen und Machern im Kulturbüro der Stadt nicht auszugehen. Es gibt Theater in der Freilichtbühne, im Theaterhaus an der Ruhr oder in der ehemaligen Schmiede in der Altstadt, zwischen malerischen Fachwerkhäusern, ja sogar im kühlen Wasser der Ruhr – überall ist Kunst. Ein buntes Kaleidoskop aus allen künstlerischen Disziplinen bietet für jeden Besucher das Passende. Mal werden Führungen angeboten, bei denen an die spannenden Lebenswege historischer Frauenpersönlichkeiten erinnert wird. In einem anderen Jahr trifft Beethoven auf Klezmer und sizilianische Musik, dann wieder bildet die Ruhr die Kulisse für atemberaubende Performances beim Flussgeflüster. Beliebt ist auch der musikalische Tagesausklang am Dom mit leckeren Speisen und Getränken.

Die Künstler kommen aus vielen künstlerischen Genres, sie stammen aus der Umgebung oder reisen aus Deutschland und sogar dem Ausland an. Es gibt Angebote für Jung und Alt, zum Lauschen oder Mitsingen, zum Staunen, Lachen oder Nachdenken. Zeit und Raum, sich beseelen und inspirieren zu lassen. Der Kopf wird frei, der Alltag rückt weit weg. Eine herrliche Auszeit, wie ein Kurzurlaub für die Seele. Was will man mehr?

Schön ist außerdem, dass viele Veranstaltungen kostenfrei sind. Ein Besuch lohnt sich in jedem Jahr, da das Programm immer wieder neu und ganz anders ist. Nicht zuletzt können wir das Erlebte in einem der gemütlichen Gasthäuser und Cafés nachklingen lassen und dazu das historische Ambiente der hübschen Stadt Arnsberg genießen.

....

● Kulturbüro Arnsberg, Alter Markt 19, 59821 Arnsberg
Tel. (0 29 32) 2 01 11 20
● ÖPNV: Bahnhof Arnsberg

Kehr ein und genieße

35 Die Domschänke in Eslohe

Mitten im Ortskern von Eslohe, umgeben von weiteren denkmalgeschützten Fachwerkhäusern, steht der alte Dorfgasthof. Ein schmuckes Häuschen, bei dessen Anblick einem das Herz aufgeht. Es strahlt diesen Frieden aus, den man nur in Häusern findet, über die seit Jahrhunderten Kriege und Stürme hinweggefegt sind, ohne ihnen etwas anhaben zu können. An Orten wie diesen lässt sich die Sehnsucht nach Ruhe und Beschaulichkeit erfüllen.

Betriebsamkeit und Eile sind schon vor etlichen Kilometern irgendwo auf dem Weg hierher hinter den grünen Bergen zurückgeblieben. Gleichgültig, ob man mit dem Auto ankommt, dem Rad oder in Wanderschuhen: Mit herzlicher Gastfreundschaft empfangen die Wirtsleute den hungrigen Besucher, der auch gern länger bleiben darf. Zum Gasthof gehört auch das Hotel Stoetzel. Gasthof, Hotel und die eigene Brauerei haben Tradition. Seit Generationen wird alles in einer Hand von den Familien Schulte und Stoetzel betrieben. Alles ist liebevoll eingerichtet, die urigen Holzmöbel strahlen Wärme und Behaglichkeit aus und laden ein, sich niederzusetzen und bewirten zu lassen.

TIPP

An Eslohe führt der Sauerlandradweg (mit Fledermaustunnel) vorbei.

Im eigenen Sudhaus wird das Essel-Bräu, wie schon in alter Zeit, handwerklich und nach historischem Reinheitsgebot gebraut. Dass auch das Brauen hier Tradition hat, beweist das Zitat aus alter Zeit, das im Gasthof aushängt: „Der Herr Bürgermeister gibt bekannt, dass am Mittwoch Bier gebraut wird und deshalb am Dienstag nicht mehr in den Bach geschissen werden darf!" Der Name „Essel" leitet sich vom alten plattdeutschen Namen von Eslohe ab. Interessierte können eine Brauereibesichtigung samt Bierprobe und Bierabitur buchen. Vier Sorten vom hellen, eher herben Pilsener bis zum malzig süßlichen Landbier werden hier nach altem Brauch hergestellt. Dazu gibt's Blutwurst mit „Himmel und Ääd" oder Sauerländer Wildschweinkeule. Die Gerichte sind sauerländisch und saisonal. Auch für Vegetarier gibt es eine leckere Auswahl. Aus der Küche duftet es so verführerisch, dass man einfach etwas probieren muss.

● Domschänke, St.-Rochus-Weg 1, 59889 Eslohe, Tel. (0 29 73) 9 76 50
essel-braeu.de
● ÖPNV: Haltestelle Eslohe

Rinder, Rummel, Riesenspaß

 36 Der Reister Markt in Eslohe-Reiste

„Nr. 10 und 13 müssen in den Ring, Nr. 18 und 27 bereitstellen!" Spannung liegt in der Luft und Vorfreude auf die Schau. Catwalk auf der grünen Wiese. Rhythmisches Klatschen der begeisterten Zuschauer leitet die Entscheidung der Jury ein. Nr. 13 ist eine kapitale Färse, sie hat hervorragende Fundamente und wird die Sieger-Jungkuh des Jahres. Die Kühe muhen dazu. Was sie wohl davon halten? Sie sehen entspannt aus, werden sie doch vorher gestriegelt. Bei den stolzen Züchtern kümmert sich die ganze Familie um das Styling der „Models".

Der staunende Tourist mischt sich unter die Einheimischen und bummelt zwischen den Reihen der Zuchttiere hindurch. Ein wunderbarer Rummel, nach dem sich mancher Städter sehnen mag. Man bekommt einen kleinen Einblick in das bäuerliche Leben. Alle Leute aus den umliegenden Dörfern sind auf den Beinen, wenn der Reister Markt mit seiner Zuchtschau stattfindet. Neben Milchkühen werden auch Rinder, Pferde, Ponys und Kleintiere zur Schau gestellt, prämiert und verkauft. Es wird gemuht, gewiehert und gegackert. Der Geruch nach Mist und nach Wiese weckt bei dem einen oder anderen Erinnerungen.

Seit fast 1000 Jahren gibt es diesen traditionellen Markt, der damals „Landding zu Reiste" genannt wurde. Seinerzeit war das Erscheinen Pflicht für die freien Bürger. Wo viele Menschen zusammenkommen, sind die Kaufleute nicht weit. Heute gibt es einen Krammarkt, auf dem allerlei Alltagsgegenstände und Kunsthandwerkliches angeboten und fleißig gekauft werden. Das Interesse ist groß. Neugierige und Kauflustige drängen sich durch die Gänge, erstehen handgearbeitete Bürstenwaren, selbst gemachte Leckereien. Auch die Tiere stehen selbstverständlich zum Kauf. Komplettiert wird der „Auftrieb" durch die Kirmes mit ihren Karussells und bunten Buden. Der Duft von Gegrilltem oder süßen Leckereien steigt einem in die Nase, eine Kapelle spielt dazu zünftige Musik. Der Reister Markt ist ein wunderbares Ausflugsziel für Urlauber und Einheimische. Nicht alltäglich und eine Besonderheit unter den Märkten.

TIPP

Der Reister Markt mit Festumzug am ersten Tag findet jährlich im August statt.

....

● Reister Markt, Bartholomäusweg 10, 59889 Eslohe, Tel. (0 29 73) 4 08 00 00
reistermarkt.de
● ÖPNV: Haltestelle Reiste

Glück im Grünen

37 ## Bergdorf LiebesGrün in Schmallenberg

Schon die Fahrt hierher ist Entspannung pur. Idyllische Dörfer und liebliche grüne Hügel. Nur noch ein kleines Stück bergauf und mich empfängt klare Luft und eine atemberaubende Aussicht auf die umliegenden Berge. Das Herz wird weit. Hier wirkt ein Zauber.

Im Bergdorf LiebesGrün bucht man ein Nest, ein Bergchalet oder eine Berghütte. Rustikale Holzhäuser, sehr behaglich, modern und liebevoll mit Naturmaterialien eingerichtet, laden zur Auszeit ein. Sie bieten Platz für zwei, vier oder sechs Gäste, die sogar von der Badewanne aus den freien Blick in die Natur genießen können. Sorgfältig ausgewählte Materialien, Physiotherm-Infrarotkabine für kühlere Tage und edle Rebenschätze im Weinschrank, Holz für den Kaminofen und vieles mehr. Was hier fehlt? Absolut nichts. Wohliger kann Erholung nicht sein, und sie ist nur eine Autostunde von den Ballungszentren entfernt. Hier fühlt man sich gleich angekommen. Die Begrüßung ist herzlich, die Atmosphäre herrlich ungezwungen. Man fühlt sich frei.

Das Frühstück wird ins Haus geliefert, und wer mag, reserviert für abends einen Tisch im Restaurant, der Handweiser-Hütte, gleich nebenan. Die sympathischen Gastgeber Jessica Gerritsen und Ralf Blümer haben hier ein Paradies geschaffen. Auch kulinarisch. Dem Chef des Hauses kommen nur gute regionale Produkte in Topf und Pfanne, frisch und gesund muss es sein. Und daher weiß man erst abends, was es gibt. Hier wird gegessen, was auf den Tisch kommt. Zubereitung und Geschmack sind exzellent, der Service freundlich und zuvorkommend. Auch den Kleinsten gefällt es, das Eis zum Nachtisch holen sich alle ganz unkonventionell aus der Küche. Einfach. Gut. Sauerland.

Die Hütten liegen direkt am Rothaarsteig, und auch im Umkreis gibt es viel zu entdecken. Die Wanderwege sind kinderwagentauglich, und auf der Wiese stehen Zuckerschnutenesel, die sich über Streicheleinheiten freuen. Radfahren, Golfen, Reiten oder auch in den schmucken Dörfern bummeln gehen, hier gibt es für jeden etwas. Und jede Menge Ruhe.

TIPP

Oberhalb des Hotels gibt es einen ein Kilometer langen Skihang sowie eine Rodelbahn.

- Bergdorf LiebesGrün, Lenninghof 26 (Am Skilift), 57392 Schmallenberg, Tel. (0 29 72) 96 17 97, liebesgruen.de
- ÖPNV: Haltestelle Schmallenberg-Schützenplatz, dann 2,5 km mit dem Taxi

Das Abenteuer ruft

38 Baumhäuser im Nordic-Ferienpark am Sorpesee

Dicht an den Waldrand gekuschelt stehen sie am Ufer und schauen verträumt über den See. Das Abendlicht taucht die sich kräuselnde Wasseroberfläche in funkelndes Orange, das sich in ihren viereckigen Augen spiegelt. Aus Clara und Nils ist mittlerweile eine ganze Baumhausfamilie geworden, die die Sorpesee GmbH hier am Waldrand, direkt am Seeufer, errichtet hat. Wer sie mietet, wird morgens vom Gezwitscher der Vögel geweckt, gleich nebenan in den Zweigen, auf Augenhöhe. Wer hat nicht schon als Kind von einem Baumhaus geträumt? Doch diese drei sind nicht so klapprig und zugig wie die selbst gezimmerten aus Kindertagen. Im Innern ist es urgemütlich, komfortabel und modern. Nils in Himmelblau, Clara in Schwedisch Rot und jedes weitere in der eigenen Farbe. In nordischem Stil sind sie licht und freundlich eingerichtet. Auf 55 Quadratmetern findet sich alles, was das Urlauberherz begehrt. Die gut bestückte Einbauküche, behagliche Sitzecken drinnen und draußen, Seeblick inklusive, sowie ein Bad befinden sich in der ersten Etage. Über eine Treppe gelangt man in die Schlafräume, die Platz für vier Abenteuerlustige bieten. Es ist schon etwas Besonderes, hier rund vier Meter über der Erde zu wohnen und den traumhaften Ausblick zu genießen. Auf dem See ziehen Segelboote ihre Bahnen, Entenküken üben sich im Tauchen. Wer mag, steigt in eines der Kanus und dümpelt in den Sonnenuntergang hinein. Wenn es ganz dunkel wird, säuseln die Blätter den von all dem Schönen überwältigten Urlauber in den Schlaf. Glücklich kann man dann von Aktivitäten träumen, die rund um den See angeboten werden wie Bogenschießen, Angeln, Hochseilgarten, Wandern, Golfen und vieles mehr.

Hier möchte man überhaupt nicht mehr weg, sondern für immer einziehen. Das Erlebte, den Duft des Waldes, den Klang der Stille, das Erholsame dieses Ortes nimmt man mit und bewahrt es, hoffentlich, bis man wieder die Urlaubstasche packen darf. Und dann nix wie raus zum Sorpesee!

TIPP

Von April bis Oktober steht ein Kanu bereit. Es gibt weitere schöne Häuser im Nordic-Ferienpark.

● Nordic-Ferienpark Sorpesee, Hakenbrinkweg 19, 59846 Sundern-Langscheidt, Tel. (0 29 35) 9 69 90 15, sorpesee.de .

Romantische Zeitreise

39 Arnsbergs klassizistische Gartenhäuser

Als Arnsberg 1816 Sitz der Bezirksregierung wurde, brauchten die aus Berlin anreisenden preußischen Beamten standesgemäßen Wohnraum. So entstanden etwa 75 zweigeschossige Häuser im klassizistischen Stil. Dafür ist Arnsberg bekannt. Doch wer weiß, dass es im selben Stil gebaute Gartenhäuschen gibt, die zu diesen Wohnungen gehörten? Zwei dieser Häuschen konnten vor dem Verfall gerettet werden: Twiete 6 und 8. Dank der Initiative der Stadt und eines eigens gegründeten Fördervereins sind sie als Zeugen der bürgerlichen Welt um die Mitte des 19. Jahrhunderts erhalten geblieben und liebevoll restauriert worden. Die Häuschen sind mit Sauerländer Schiefer verkleidet, was dem klassizistischen Stil eine eigene Note verleiht. Auffällig ist das jüngere Haus, Twiete 6, mit dem barocken Ziergiebel, der im Kontrast zum windschiefen Bau steht. Die Häuschen, mitten in einem Park gelegen, vermitteln einen Eindruck von dem Lebensgefühl der bürgerlichen Arnsberger Familien. In den Miniaturausgaben ihrer Wohnhäuser, umgeben von Schatten spendenden Bäumen und bunten Staudenbeeten, suchten sie Erbauung und Erholung. Ihrer romantischen Vorstellung von einem Leben in Harmonie mit der Natur entspricht die großzügige Gestaltung der Fenster und Türen. Die zweiflügeligen Türen der Gartenhäuschen öffnen sich zur Stadtseite hin auf Rasenflächen und Blumenbeete. Nach hinten hinaus blickt man aus großen Fenstern auf das weitläufige, zum Mühlengraben abfallende Parkgelände mit seinem zum Teil noch alten Baumbestand. Wieder begehbar gemachte Gartenwege laden zum Flanieren ein, ganz wie vor fast 200 Jahren. Wer des Schauens und Laufens müde ist, kann sich im oberen Teil des Parks auf Tafeln über die wechselhafte Nutzung der Gartenhäuschen und ihre heutige Funktion als Kulturraum informieren. Auf einer der Bänke lässt es sich trefflich ausruhen oder sich, verführt von der besonderen Atmosphäre der Häuschen, in eine Zeit hineinträumen, der unser hektischer Alltag zum Glück noch fremd war.

TIPP

An Pfählen mit QR-Codes kann man sich historische Fotos aufs Smartphone laden.

● Arnsbergs Gartenhäuser Twiete 6 und Twiete 8, 59821 Arnsberg
arnsberg.de/baukultur
● ÖPNV: Haltestelle Arnsberg Neumarkt, dann 3 Minuten Fußweg

Locus amoenus

40

Die Hiebammenhütte bei Brilon

Geboren wurde hier noch kein Kind, aber schon manche Tauffeier veranstaltet. Die Hiebammenhütte, so genannt, weil die Frauen in der Familie Lüke vielfach Hebammen waren, ist ein besonderer Ort, findet Jürgen Lüke, in dessen Besitz sich das Gelände mit den Holzhütten seit Jahrzehnten befindet. Schon im Mittelalter haben sich die Menschen gern an diesem Platz aufgehalten. Die Natur strahlt eine wohltuende Ruhe aus. Die hohen alten Bäume, der plätschernde Bach, die sanft abfallenden Wiesen ringsum, auf denen geruhsam Pferde grasen. So soll es sein und auch bleiben. Keine Musik, kein Lärm. Einen „locus amoenus", einen lieblichen Ort, so nennt der Senior diesen in der Hillbringse auf 490 Metern Höhe gelegenen Ort. Wanderer vom Rothaarsteig sind willkommen. Dieser Fernwanderweg, der 2001 eingeweiht wurde, führt unmittelbar an den Hütten vorbei, die noch aus Kriegszeiten stammen. Rasch stand schon vor der Einweihung der Beschluss fest, die Hütten zu renovieren und einen Rastplatz für müde Wanderer zu schaffen.

TIPP

Alle zwei Jahre gibt es einen Waldweihnachtsmarkt mit Musik und Selbstgemachtem.

Das Gelände ist ein idealer Spielplatz für Kinder, berichtet Yvonne, die seit Anbeginn als Servierhilfe dabei ist. Wunderbar lässt es sich in den Bäumen klettern und im klaren Wasser der Deichmecke plantschen. Gut, wenn die Eltern eine Wechselgarnitur für die Jüngsten dabeihaben.

Der Gastraum lädt mit seinem rustikalen Ambiente zum Verweilen und zum Plaudern ein. Seit der Eröffnung der Hütte, die Platz für bis zu 60 Gästen bietet, betreibt Jürgen Lüke die Gastronomie mit Leidenschaft. Für einen kleinen Plausch ist er immer zu haben. Ihm ist es wichtig, dass sich die Menschen wohlfühlen. Und zwar in jeder Hinsicht. Nicht nur der Gastraum, selbst das stille Örtchen ist liebevoll und mit Einfallsreichtum gestaltet. In einer ebenfalls aus Holz gezimmerten Hütte befinden sich die Lokalitäten, mit viel Platz und einem großen Spiegel. Man mag sich kaum trennen, doch draußen lockt die Natur. Locus amoenus. Einzigartig.

● Hiebammenhütte, 59929 Brilon, Tel. (0 29 61) 79 37 00
hiebammen-huette.info

Wilder Westen im Sauerland

41 Die Karl May Festspiele in Elspe

Winnetou ist der Star. Wenn er auf seinem Rappen langsam den Steilhang hinunterreitet, die rechte Hand zum Gruß erhoben, klatschen und pfeifen die Zuschauer begeistert und werden erst still, wenn er zu sprechen beginnt. Winnetou ist, zusammen mit seinem weißen Freund Old Shatterhand, in allen Stücken dabei. Geprägt hat die Figur Pierre Brice, der von 1976 bis 1986 den Winnetou spielte. Kein leichtes Erbe für seine Nachfolger Benjamin Armbruster ab 1988 und Jean-Marc Birkholz ab 2011. Doch hat jeder seinen eigenen Stil gefunden. Die Stücke von Jochen Bludau sind witzig, abwechslungsreich und voller Action. Immer gibt es die Schurken und die Guten, Weiße wie Indianer. Auf der Naturbühne, bespielt seit 1958, ist viel Platz für Zweikämpfe, wilde Schießereien – natürlich mit Platzpatronen – und Verfolgungsjagden zu Fuß oder zu Pferd. Hier einen steilen Abhang herunter, dort einen schroffen Felsen hinauf. Den über 40 Pferden und mehr als 60 Schauspielern und Laiendarstellern wird während der zweistündigen Aufführung einiges an Kondition und Können abverlangt.

TIPP

Nach der Show kann man eine Führung über das Gelände buchen.

Die spektakulären Zweikämpfe gefallen besonders den Kindern. Die Erwachsenen ergötzen sich eher an Situationskomik und Wortspielereien. Ein Garant für Letztere ist Sam Hawkens, dessen Nachsatz „Wenn ich mich nicht irre, hihihi" immer wieder schmunzeln lässt. Zur Orientierung hat jede Gruppe ihre eigene Erkennungsmelodie, fröhlich ist zum Beispiel die der Siedler, aggressiv die der Schurken. Ein Höhepunkt jeder Show ist der Einsatz von Pyrotechnik. Mal geht ein Indianerdorf in Flammen auf, mal brennt ein Siedlerwagen, mal ein Förderturm. Zu besichtigen sind diese flammenden Highlights auf großformatigen Fotos rund um die Zuschauertribüne.
Die Guten ernten am Schluss frenetischen Applaus, die Schurken werden ausgebuht. Schade, dass das Spiel zu Ende ist. Viele freuen sich auf ein Wiedersehen mit Winnetou im nächsten Jahr, in einem neuen Stück.

....

● Elspe Festival GmbH, Zur Naturbühne 1, 57368 Lennestadt-Elspe,
Tel. (0 27 21) 9 44 40, elspe.de

Über allen Wipfeln

 42 Der Lörmecke-Turm am Stimmstamm bei Warstein

Licht und Schatten, das dunkle Rauschen der Tannenwipfel und das helle Rascheln der Laubbäume begleiten den Wanderer, der vom Parkplatz am Stimmstamm aus den Plackweg A8 etwa drei Kilometer bis zum Lörmecke-Turm geht. Wem dieser Weg zu kurz ist, der kann vom Waldhotel Föckinghausen aus den 8,2 Kilometer langen Wanderweg wählen oder von Eversberg aus den Wanderweg A8 nehmen. Mit seiner meist geringen Steigung ist der A8 auch für wanderfreudige Familien geeignet. Die Fauna am Wegesrand ist vielfältig: Gräser, Fingerhut, Disteln, Farne, Hahnenfuß, Margeriten und Sauerampfer. Lohnenswert ist das Ziel, der Lörmecke-Turm, allemal. Warum man am höchsten Punkt der Sauerland-Waldroute, auf 581 Metern, noch einen Turm errichtet hat, ist offensichtlich, sobald man aus dem dichten Wald heraus auf die runde Lichtung tritt: Der Turm überragt mit 35 Metern alle Baumwipfel und bietet einen einzigartigen Rundblick von drei Plattformen aus. Der Arnsberger Wald mit seinen riesigen Ausmaßen liegt einem zu Füßen. Städte und Dörfer wirken wie hingetupft: Hirschberg, Warstein, Rüthen, Eversberg, Meschede … Kleine Metalltäfelchen in allen Himmelsrichtungen helfen bei der Orientierung. Im Süden winkt der Stüppelturm vom Gelände des Freizeitparks Fort Fun. Bei guter Sicht kann man außer dem Haarstrang und der westfälischen Bucht den Teutoburger Wald in der Ferne erspähen.

Bei der Gestaltung des Lörmecke-Turms hat man sich etwas Besonderes einfallen lassen. Um ein Grundgerüst aus Stahl mit einer Wendeltreppe sind Rundhölzer aus heimischen Douglasien über Kreuz angeordnet. Trotz seiner Höhe wirkt diese Hyperboloidkonstruktion luftig, geradezu filigran, fast wie ein Kunstwerk. Die vielfältigen Muster, die die Sonnenstrahlen auf die Hölzer malen, erhöhen den optischen Reiz dieses einmaligen Bauwerks. Der Turm, der seinen Namen einem nahen Bach, der Lörmecke, verdankt, wurde am 7. Juni 2008 eingeweiht, zur Freude aller Wanderer, die bis dahin eine Aussicht über den Arnsberger Wald vermisst hatten.

● Lörmecke-Turm, Arnsberger Wald/Plackweg, 59581 Warstein

Ein Traum gegen die Kälte

 Das Café Zimt-Apfel in Winterberg-Neuastenberg

Wer ins Sauerland fährt, muss auch im Sommer oft mit kühlen Temperaturen rechnen. Nicht nur die winterliche Kälte mit einer wohligen, warmen Atmosphäre zu vertreiben, hat sich Gaby Bremerich zum Ziel gesetzt. In einem umgebauten ehemaligen Schweinestall betreibt die leidenschaftliche Gastronomin seit einigen Jahren ein Café, das seinesgleichen sucht. Farbenfroh in Friesenblau, Grasgrün und Knallrot gestrichene Wände verleihen den Räumen eine fröhliche Atmosphäre. Die Inhaberin des Ein-Frau-Betriebes hat mit der Einrichtung einen Traum verwirklicht. Ihre Begeisterung für Nippes jeglicher Art lässt sich in Nischen und Ecken, auf Tischen und Kommoden, in Schränken hinter Glas bestaunen. Auf Flohmärkten im In- und Ausland hat Gaby Bremerich zusammengetragen, was ihr gefiel. Dabei hat sie sich von Laura Ashley und deren buntem Stilmix inspirieren lassen.

Der staunende Gast findet, liebevoll inszeniert und farblich der jeweiligen Jahreszeit angepasst, kleine Tässchen mit Streublümchen, eine Kaffeekanne mit gold verziertem Schnörkelgriff, Teetassen in Halterungen mit durchbrochenem Silber, Tiffanylampen und schmiedeeiserne Gebilde, an denen bunte Tassen baumeln. Gestreifte Troddelkissen, Tische und Stühle mit gedrechselten Beinen, samtbezogene Sofas mit geschwungenen Rückenlehnen. Nichts passt zusammen, doch alles harmoniert miteinander. Um alles zu entdecken, braucht man wohl Tage. So muss man einfach wiederkommen. Immer gibt es etwas Neues zu entdecken: Butterfässer und Schneidemaschinen, schwarze Bakelittelefone, hölzerne Nähkästchen und alte Nähmaschinen, Waschschüsseln in allen Größen als Blickfang – Gerätschaften, die viele Gäste gar nicht mehr kennen.

Oft findet Gaby Bremerich Kisten mit altem Hausrat vor der Tür. Die Leute aus der Umgebung wissen, dass scheinbar Nutzloses in diesem Café eine neue Würdigung erfährt. Nichts wird weggeworfen, alles bekommt einen Platz. Schön ist, was gefällt, und was gefällt, macht glücklich. Ach ja! Jeden Tag gibt es frischen selbst gebackenen Kuchen.

....

● Café Zimt-Apfel, Winterberger Straße 9, 59955 Winterberg-Neuastenberg,
Tel. (01 71) 4 75 16 40
● ÖPNV: Haltestelle Neuastenberg-Winterberger Straße

Vom Innen und Außen

44

Der Goldene Pfad in Winterberg-Niedersfeld

Der Weg zur Hochheide führt über eine Schotterpiste. Die Bodendellen zwingen auf der drei Kilometer langen Strecke zu langsamem Fahren. Die Hochheide am Fuße des Langenbergs mit ihren Hunderten von Grünschattierungen, den zarten Blütenfarben im Sommer und ihrem bizarren Baumbestand war schon immer ein Anziehungspunkt für Natur liebende Wanderer. Seit einigen Jahren ist sie um eine Attraktion reicher: den Goldenen Pfad. Ein fünf Kilometer langer Rundweg lädt den geplagten Alltagsmenschen ein innezuhalten.

Über den Pfad verteilt, bieten die insgesamt zehn Stationen dem Gast Möglichkeiten der Entschleunigung. Wem es gelingt, sich auf den empfohlenen Dreischritt: Beziehung finden, Atmosphäre erspüren, Anregungen mitnehmen, einzulassen, der spürt bald die besondere Wirkung des Goldenen Pfades. Zeit spielt keine Rolle, alle Sinne öffnen sich. Man verliert sich in der Betrachtung der weiten Landschaft auf dem Landschaftsbalkon (Station 1), man lauscht, am besten mit geschlossenen Augen, den Vögeln und anderem Getier in der Musica Natura (Station 3), man fühlt sich leicht und schwerelos bei den schwebenden Klängen der Luftharfe (Station 10). Jeder kann hier seine Lieblingsstation entdecken. Vielleicht den Ort der Besinnung (Station 4), der auf Gedenkstelen eine Fülle von humorvollen und ernsten, wichtigen und belanglosen Zitaten anbietet. Beispiel gefällig? „Mische ein bisschen Torheit in dein ernsthaftes Tun und Trachten. Albernheiten im rechten Moment sind etwas Köstliches." (Horaz, röm. Satiriker) Kristallklares Wasser sprudelt sanft und stetig aus der Hoppeke-Quelle (Station 8). Wer kann dem Impuls widerstehen, das kühle Nass aus den Händen zu schlürfen?

Während man von einer Station zur anderen wandert, lässt man Augen und Gedanken schweifen, atmet den Duft der Heide ein. Man fühlt sich frei, gelöst. Lassen Sie sich nie wieder von Kleinkram stressen! … Denken Sie groß, lautet ein Rat auf einer der Tafeln.

● Der Goldene Pfad, Auf der Knippe 100, 59955 Winterberg-Niedersfeld

Preußens Gloria

Das Schützenfest in Olpe

Tausende Menschen sind plötzlich still. Gerade noch sind sie vom Schützenplatz den Berg hinunter Richtung Marktplatz in ausgelassener Fröhlichkeit der Militärkapelle schunkelnd hinterdrein marschiert. Nun lauschen sie deren Lied: „Ich bete an die Macht der Liebe". Schützen und Besucher spüren die ergreifende Magie dieses Gebets am Kump. Nach dem Liedende strömt die Menge weiter zum Marktplatz, wo zu Schneewalzerklängen und anderer Musik alle Tage des Festes ausklingen.

Das Olper Schützenfest ist einzigartig, sind die Sebastianusschützen überzeugt. In einem langen Zug, begleitet von Musikkapellen, marschieren sie in ihren Korporalschaften von Samstag bis Montag zum Schützenplatz. Ein Meer von weißen Hemden über schwarzen Hosen zieht vom Marktplatz aus den steilen Berg hinauf zum Ümmerich, wo der König unter der Vogelstange die Parade abnimmt. Im Stechschritt und mit geschultertem Holzgewehr ziehen die „Untertanen" an ihm vorüber. Preußens Gloria lassen sich die Olper Schützen nicht nehmen. Nach der Zeremonie lösen sich die Züge auf. Feiern macht durstig, nur gut, dass es am Montag Freibier gibt, gestiftet von der ortsansässigen Kaufmannschaft. Insgesamt 600 Hektoliter rinnen an den Festtagen durch die Kehlen. Als feste Beilage gibt es den Beff, eine Art Frikadelle. Abends laden professionelle Bands zum Tanz: Pop und Rock, Schlagermusik. Hip Hop, Westernhagen. Für jeden Musikgeschmack ist etwas dabei. So viel Frohsinn und Ausgelassenheit hätte ich den Sauerländern nicht zugetraut, sagt eine beeindruckte Besucherin.

Der Montag, der letzte Tag, steht im Zeichen des neuen Königs. Wer den Korpus des Holzadlers von der Stange holt, wird Regent. Nach der Proklamation wird in guter Sauerländer Tradition weiter fröhlich gefeiert. Wenn lange nach Mitternacht der König nach Haus gebracht ist und die Letzten heimgehen, freuen sich schon alle auf das kommende Jahr. Zum Glück findet dieses großartige Fest jedes Jahr statt. Besucher sind immer herzlich willkommen.

TIPP

Das Schützenfest in Olpe findet jeweils am dritten Wochenende im Juli statt.

● Schützenfest in Olpe, schuetzenverein-olpe.de
● ÖPNV: Bahnhof Olpe, 10 Minuten Fußweg zum Markt

Wie im Dschungel

46 Die Plästerlegge in Bestwig-Wasserfall

Die meisten Touristen haben nur ein Ziel: Fort Fun, den Freizeitpark bei Wasserfall. Sie wissen nicht, was ihnen entgeht: die Plästerlegge, der höchste Wasserfall in NRW. „Plästern" heißt regnen, „Legge" bedeutet Felsen. Der „regnende Felsen" ist, man ahnt es, am gewaltigsten in regenreichen Monaten.

Gegenüber dem Parkplatz an der St.-Antonius-Kapelle weist ein Holzschild an der Straße den Weg hinab. Festes Schuhwerk ist ratsam und ein sicherer Tritt. Der etwa zwanzigminütige Abstieg ist steinig und sandig, bei Regen manchmal rutschig. Nach wenigen Hundert Metern, vorbei an einem Campingplatz, taucht man ein in die grüne Welt des Naturschutzgebietes Plästerlegge. Dichte Baumkronen halten im Sommer die Hitze fern. Nur das Zwitschern der Vögel und das Geräusch der eigenen Tritte sind zu hören. Kurz vor dem gut ausgeschilderten Ziel teilt sich der Weg. Nimmt man den unteren, gelangt man über eine Holzbrücke unmittelbar in eine Schlucht, in die sich das Wasser einer kleinen Quelle aus 20 Metern Höhe über zerklüftetes Schiefergestein ergießt.

Man hört das Plätschern des Wasserfalls, bevor man ihn in all dem Dschungelgrün ausgespäht hat. Tote Baumstämme liegen kreuz und quer im steil ansteigenden Bachlauf, Gesteinsbrocken in allen Größen wirken wie hingeworfen. Alles ist überwuchert.

Das ausladende Blätterwerk der hohen Bäume verleiht der Schlucht den Eindruck eines grünen Gewölbes. Im Sommer kann der Bach nach einer langen Trockenperiode zu einem dünnen Rinnsal werden, oder die Quelle versiegt ganz. Reizvoll bleibt jedoch immer das Spiel aus Licht und Schatten, wenn sich die Sonne durch das dichte Laubwerk stiehlt und das feucht-dunkle Gestein zwischen vielfarbigem Grün aufblitzen lässt. Kaum vorstellbar, dass dieses Idyll vor 150 Jahren kommerziell ausgebeutet wurde. Damals hatte der Arnsberger Kaufmann Caspar J. Cosak eine kleine Gießerei zur Herstellung von Flintenschrot errichtet. Heute zeugen nur noch überwucherte Mauerreste von diesem Frevel. Zum Glück.

TIPP

Über Wanderwege rund um Wasserfall informiert eine Tafel am Parkplatz unterhalb der Kapelle.

• Wasserfall, Aurorastraße, 59909 Bestwig-Wasserfall
• ÖPNV: Haltestelle Bestwig-Wasserfall (Fort Fun), dann ca. 5 Minuten Fußweg

Ein Hauch von Afrika

Das Afrika-Museum in Olsberg- Gevelinghausen

Schon als Kind haben es Gerhard Vogt die seltsamen Figuren und Masken angetan, die seine Tanten, Nonnen in einer afrikanischen Mission, bei ihren Besuchen mitbrachten. Begonnen hat seine Leidenschaft für afrikanische Kunst aber erst, als er einen seiner Brüder besuchte, der als Missionar in Kamerun lebte. Seitdem verbringt der Sammler fast jährlich mehrere Wochen in Kamerun, Mali oder Burkina Faso. Zurück kommt er mit Containern voller Masken, Figuren, Opfergefäßen, Fruchtbarkeitspuppen, Fetischen, Statuen, Waffen, Möbeln und Schmuck. Jedes Stück ist einzigartig. Manche Exponate sind aus Elfenbein, hartem Holz, aus Metallen, Ton oder Stoff, auch Samt und Brokat. Schmuckelemente sind Pailletten, Perlen, Federn, Kaurimuscheln. Viele Gegenstände haben eine religiöse Bedeutung.

TIPP

Es gibt einen gut bestückten Museumsshop mit Nachbildungen der Ausstellungsstücke.

Zunächst ist man befremdet, dann fasziniert von dieser völlig anderen Welt. Der Voodoo-Altar. Gruselig? Vielleicht für uns auf den ersten Blick. Dann beginnt Vogt zu erzählen. Von Mami Wata, der fröhlichen Göttin. Sie verheißt Reichtum und Macht, ist aber auch zu Schabernack aufgelegt. Sie wacht als Teil des Altars über alles: Tonfiguren von Tieren, verschieden große Fruchtbarkeitspüppchen, die Frauen während der Schwangerschaft vor dem Bauch tragen, über Gebrauchsgegenstände wie Handys und Flaschen mit Alkohol. Mitten in diesem Arrangement ein Stein, getränkt vom Blut geschlachteter Tiere. Ihre Gliedmaßen werden wie Reliquien in Stofffetzen gewickelt und mit Wachs versiegelt. Jedes Teil hat seine Bedeutung. Lebendiges, alltägliches Leben der Stämme.

Riten, Magie, Zauber und Ahnenkult prägen auch heute noch das Leben vieler Stämme wie der Dogan aus Mali oder der Jaruba aus Nigeria. Der schmuckvolle Häuptlingsthron von König Njoja in Foumban mit eingearbeiteter Reliquie erinnert an unsere kirchlichen Reliquienschreine. Glücklich und bereichert um vielfältige Eindrücke verlässt man das Museum, das, ganz unspektakulär, in einer ehemaligen Schule untergebracht ist.

....

● Afrika-Museum Vogt, Auf'm Bohlen 14, 59939 Olsberg-Gevelinghausen
afrika-museum-vogt.de
● ÖPNV: Haltestelle Gevelinghausen Schützenhalle

Verweile doch

48 Blinker II in Grafschaft

Manche gehen trotz seiner Größe achtlos an ihm vorüber. Manche bleiben stehen, verwundert, irritiert. Manche halten inne, schauen und können sich nicht sattsehen: 14 mal 14 beweglich aufgehängte Stahlplatten fangen das unentwegte Spiel von Himmel und Erde, Wolken und Wind, Sonne und Schatten ein. Mal jagen wilde Wolken, in 14 mal 14 Rechtecke zerteilt, über die spiegelnde Fläche dahin, mal verdunkelt das schwankende Grün der belaubten Bäume einen Teil der stählernen Platten. Die Spiegelfläche von insgesamt etwa sieben mal zwölf Metern ist permanent in Bewegung, je nach Windstärke mal mehr, mal weniger.

Die Rede ist vom Blinker II, einem Kunstwerk von Timm Ulrichs, bis 2005 Professor an der Akademie Münster und nach eigener Aussage „Totalkünstler" und „Konzeptkünstler". Besonders bekannt gemacht haben ihn seine Werke und Arbeiten im öffentlichen Raum. Die Ausmaße der Lamellenwand, die zwischen 2007 und 2010 errichtet wurde, ähneln – mit Absicht – einer Kinoleinwand. Die Natur als Lichtspieltheater. Das Kunstwerk ist Teil eines Waldskulpturenwegs zwischen Bad Berleburg und Schmallenberg. Mit insgesamt elf Objekten von bekannten deutschen und internationalen Künstlern und Künstlerinnen auf etwa 23 Kilometern. Mir ist der Blinker II das liebste der elf Objekte. Lässt man sich auf die sich ständig verändernden Bilder ein und schaut einfach nur, fühlt man sich nach kurzer Zeit aufgehoben, eins mit der Landschaft. Das Erwandern der Kunstwerke lässt einen die Umgebung neu wahrnehmen, ist eine wunderbare Bereicherung des Naturerlebnisses. Während die meisten anderen Kunstwerke im Wald, auf einer Lichtung, in einem Tal oder an einem Bach errichtet wurden, steht der Blinker II oberhalb des Örtchens Grafschaft auf einer freien Anhöhe, von der aus man einen atemberaubenden Blick in die weite Landschaft des Sauerlandes hat. Lässt man sich von der roten Bank neben dem Kunstwerk zum Verweilen verführen, fehlt nichts mehr zum Glück.

TIPP

Wer alle Skulpturen sehen will, bestellt für samstags ein Wandertaxi. schmallenbergersauerland.de

---

● Blinker II, Grafschaft/Auf der Almert
waldskulpturenweg.de
● ÖPNV: Haltestelle An der Almert, dann ca. 15 Minuten
den gleichnamigen Weg bergauf

O du fröhliche

Weihnachtsmarkt in Maste-Barendorf bei Iserlohn

Unter einem großen Weihnachtsbaum auf der Hauptstraße spielen drei Weihnachtsmänner Weihnachtslieder, flott und jazzig. Davor dreht ein Kinderkarussell mit Holzpferden gemächlich seine Runden. Der Duft frischer Waffeln mischt sich mit dem vom Glühweinstand gegenüber. Behagliches Licht leuchtet aus den Fensterkreuzen der Fachwerkhäuschen. Die Menschen flanieren ohne Eile zwischen den Häusern, bleiben stehen, treten ein. Dieser etwas andere Weihnachtsmarkt befindet sich in Maste-Barendorf, einem ehemaligen Industriedorf bei Iserlohn.

Auf diesem Weihnachtsmarkt finden die Menschen das, was sie im Alltag kaum noch erleben: Muße. Jeweils am zweiten und dritten Adventswochenende öffnen die Künstler ihr Dorf für Anbieter aus dem Kreis, aber auch darüber hinaus. Qualität und solides Handwerk zählen, das Angebot ist reichhaltig und vielseitig. Es gibt Strickwaren in allen Farben und Größen, eingehende Beratung inklusive, formschöne Vollholzmöbel, denen man die liebevolle Bearbeitung ansieht. Wer dezenten Schmuck sucht, könnte hier fündig werden. Geklöppelte und gehäkelte Spitze, Bozener Engel und Schwibbögen aus dem Erzgebirge erfreuen das Herz von Nostalgikern.

Natürlich gibt es auch Weihnachtliches, Kerzen, Kugeln und Krippen, Engel und Sterne, aus Keramik und Holz. Untergebracht sind die verschiedenen Gewerke in den weihnachtlich beleuchteten Fachwerkhäusern, über deren ehemalige Funktion Schilder am Eingang informieren: Gießhaus, Ahlenschmiede, Blechverformung, Nadelhaus …

Man lässt sich treiben, schaut hier einem Glasbläser bei seiner Arbeit zu, hält dort einen Schwatz mit Birgit, die die Puppenkleidung nach eigenen Entwürfen anfertigt. Ein Künstlerpaar, Michael und Brigitte, er Musiker, sie Malerin, lädt uns in seine Räumlichkeiten ein und beantwortet bereitwillig unsere neugierigen Fragen. Einmalig ist die Atmosphäre auf diesem Weihnachtsmarkt, so entspannt, fast familiär, sind Anbieter wie Besucher sich einig. Welch ein Glück.

● Fabrikdorf Maste-Barendorf, Baarstraße 220, 58636 Iserlohn
museen-iserlohn.de
● ÖPNV: Haltestelle Barendorf, mit Auto Shuttle vom Hemberg-Parkplatz Iserlohn

Dann und wann ein Elefant

Das Kinderkarussell Karlo in Neuenrade

Am Anfang standen ein Versprechen und eine Eingebung. Ein Sponsor, der seiner Heimatstadt Neuenrade in alter Verbundenheit ein Geschenk machen wollte, und ein Bürgermeister, der auf einer Parisreise die zündende Idee dazu hatte. Bei einem Spaziergang durch die Tuilerien fiel ihm nämlich ein Gedicht von Rilke ein: Das Karussell. Und dann und wann ein weißer Elefant.

Heute sieht man leuchtende Kinderaugen und glücklich auf ihre Kleinen schauende Eltern. Das Karussell dreht sich und dreht sich. Mit ihm ein Auto, ein stolzer Schwan, eine Drehtasse, ein weißes Ross und ach, ein kleiner Elefant. Mit allen zusammen drehen sich die Kinder, beschützt von einem roten, üppig verzierten Karusselldach. Die am Rande stehenden Eltern träumen, wer weiß, derweil von eigenen, längst vergangenen Kindertagen und dem Kirmesglück, auf das sie stets ein Jahr warten mussten. Ihre Kinder müssen sich nicht so lange gedulden.

TIPP

Im angrenzenden Stadtgarten gibt es eine alte Gerichtslinde und einen Geschichtspfad.

Seit 2013 ziert dieses Karussell den Platz am Rande des neu gestalteten Stadtgartens, überragt von den Kirchtürmen der Stadt. Es dreht sich mehrmals wöchentlich von 15.00 Uhr bis 18.00 Uhr, betreut von ehrenamtlich tätigen Mitbürgern. Wenn das Wetter mitspielt. Bei Regen und Sturm und im Winter bleibt es unter einer schützenden Plane verborgen. Bei gutem Wetter kaufen die Eltern Chips und damit für die Kinder etliche Runden Seligkeit – oder sie lösen einen Gutschein ein, den es in vielen Neuenradener Geschäften beim Einkauf dazu gibt.

Das Kinderspielzeug ist aus dem Stadtzentrum nicht mehr wegzudenken, sehr zur Freude des Sponsors.

Gelegen an der Ersten Straße, die so heißt, weil es eine parallele Zweite und Dritte Straße gibt, fällt es auch Fremden sofort ins Auge. Der Platz der Generationen erhält durch das Karussell einen auffälligen Farbtupfer. Der Elefant in Neuenrade ist nur grau. Das tut dem Glück jedoch keinen Abbruch.

....

● Karussell Karlo, Erste Straße, 58809 Neuenrade, Tel. (0 23 92) 69 30
● ÖPNV: Bahnhof Neuenrade

9999 Quadratmeter Glück

51 Der Weinberg in Neuenrade

Der Weg hinauf führt über schmale Straßen, wie überhaupt alles schmal ist in der im Mittelalter gegründeten Stadt Neuenrade. Ein Stückchen der ehemaligen Festungsmauer zeugt noch von vergangenen Zeiten. Jeder Schritt atmet Vergangenheit – auf den zweiten Blick. Wer vermutet schon in den drei parallel geführten Straßen des Städtchens eine mittelalterliche Städteplanung? Diese kann man an einem Bronzemodell vor dem Rathaus anschauen. Klaus Peter Sasse, Altbürgermeister der Stadt, ist in seinem Element, wenn er Gästen „seine" Stadt zeigt und erklärt. Sein ganzer Stolz jedoch ist der neue Weinberg.

Er liegt fast an derselben Stelle wie ein Weinberg, den die Mönche von Berentrop im Mittelalter angelegt hatten. Ein Weinberg im Sauerland? Ungewöhnlich, ja, aber nicht unmöglich. Immerhin ergab die Lese im Jahre 2016 weit über 200 Flaschen Wein. Berentroper Klostergarten. Spätlese. Cuvée.

TIPP

Das Hönnetal liegt nur zwei Kilometer entfernt. (siehe S. 28)

Der wahre Genuss des Weinbergs rührt allerdings von seiner Lage her. Im Schatten alter Bäume kann man, auf einer Bank sitzend, das Panorama genießen. Zu Füßen des Weinbergs liegt die Stadt, überragt vom Turm der evangelischen Pfarrkirche. Sie ist eingebettet in sanfte bewaldete Hügel, deren unterschiedliches Grün mit dem leuchtenden Weinlaub konkurriert. Man kann dem Gesang der Vögel lauschen. Die wenigen Geräusche, die von der Straße im Tal heraufdringen, intensivieren den Eindruck von Stille. Man kann tief die frische Luft einatmen, die je nach Jahreszeit nach feuchter Erde, Laub, Trauben schmeckt. Regent und Solaris. 2011 gepflanzt, haben sich die Reben am Südwesthang prächtig entwickelt. So gut, dass die Rehe auf den Geschmack gekommen sind und den Hang kurz vor der Lese im August 2017 ratzekahl gefressen haben. So gab es in dem Jahr keine Ernte. Dank der sonnenbeschienenen exponierten Lage des Weinbergs haben sich die Rebstöcke im Jahr darauf erholt. Der Weinberg ist wegen der Rehe mittlerweile eingezäunt. Für Besucher ist das Tor glücklicherweise immer offen.

● Weinberg am Berentroper Berg, Dahler Straße, 58809 Neuenrade
● ÖPNV: Bahnhof Neuenrade, dann ca. 20 Minuten Fußweg den Berg hinauf

Bergwerk mit Herz

52

Das Schieferbergwerk in Bestwig-Nuttlar

Zum Schluss schlägt Gerd ein Herz aus einer Schieferplatte. Mehr Symbolik geht nicht. Wer einmal diese sehr persönliche und engagierte Führung von Gerd und Melanie erlebt hat, ist der unterirdischen Welt verfallen.

Seit das Schieferbergwerk 1985 stillgelegt wurde, hat sich nicht viel verändert. Die mit Helm, Stirnlampe und Handschuhen ausgerüsteten Besucher orientieren sich an den Schienen des Kaiser-Wilhelm-Stollens, der ins Innere führt. Manch einer fühlt sich dabei fast als Entdecker. Die tanzenden Lichtkegel lassen erahnen, was die Bergleute früher an ihrem Arbeitsplatz sahen, zunächst mit Öl-, später mit Karbidlampen. Gerd demonstriert mit Schlägel und Handbohrer die mühselige Arbeit der Menschen unter Tage. Die Bohrpfeifen sind noch zu sehen.

TIPP

Klangschalen-
meditation im
Bergwerk
buchen unter
buchung@
schieferbau-
nuttlar.de

Man läuft durch Stollen, zieht den Kopf ein, tastet sich gebückt voran, klettert Leitern hinunter. Die Tour durch die vielverzweigten Stollen lässt jedes Abenteurerherz höherschlagen. Rechts und links der Wege türmen sich sogenannte „Bergemauern" aus kunstvoll gestapeltem wertlosem Gestein. Nur der gute Schiefer, der frei war von Schnitten, lohnte den Transport zur Weiterverarbeitung in die Werkstätten außerhalb des Bergwerks. Wer zwölf Stunden unter der Erde arbeitet, kaum Tageslicht sieht, wird leicht depressiv. Dem ließ sich mit Hochprozentigem entgegenwirken, verrät Gerd und zieht eine Schnapsflasche aus einer in der Bergemauer verborgenen Nische.

Viel gibt es zu bestaunen, eine Butterstube mit originalen Haken für die Brotbeutel, sogar einen Kloübel. Das Bergwerk als Zeitkapsel. Nicht nur rund zehn verschiedene Fledermausarten fühlen sich heute in der acht bis zehn Grad kühlen Untertagewelt wohl, sondern auch Menschen, die bei sphärischen Konzerten in einer der Hallen des Bergwerks die ganz besondere Akustik und die gute trockene Luft genießen. Das muss man erlebt haben.

● Schieferbau Nuttlar UG. Das Erlebnisbergwerk, Briloner Straße 48a,
59909 Bestwig-Nuttlar, Tel. (01 77) 6 84 47 69, schieferbau-nuttlar.de
● ÖPNV: Haltestelle Nuttlar Am Dümel

Melodie der Muße

53

Ein Spaziergang im Klangwald am Möhnesee

Erst auf den zweiten Blick ist die Stehharfe zu entdecken. Aus Holz gefertigt, passt sich das etwa 2,5 Meter hohe, nach vorne offene Instrument perfekt der Waldumgebung an. Vor dem Objekt befindet sich eine Gebrauchsanweisung. Man kann sich in die Harfe hineinstellen, mit den Händen durch die seitlichen Löcher greifen und die außen befestigten Saiten zum Schwingen bringen. Tiefe Töne dringen an das Ohr und gleiten den Körper hinab. Arme, Rücken und Beine vibrieren zur Melodie der Harfe. Ein Klang mit Gänsehauteffekt: Mensch und Musik verschmelzen.

Der 3,5 Kilometer lange Weg durch den Klangwald am Möhnesee enthält insgesamt zehn Instrumente und ist mit einem schwarzen „K" auf gelbem Untergrund gekennzeichnet. Auch in Blindenschrift sind die Beschreibungen der Objekte zu finden.

TIPP

Anschließend
Einkehr im
Torhaus
(siehe S. 40)

Der Weg führt vom Torhaus am Möhnesee zunächst über eine asphaltierte Straße. Später biegt er ab in den Wald. Es geht leicht bergauf, vorbei an einer Lichtung, auf der im Sommer violetter Fingerhut blüht. Zwischen den einzelnen Objekten bleibt Zeit, der Melodie des Waldes zu lauschen. Vögel, die singen, das Rauschen in den Wipfeln. Das nächste Objekt, ein Windspiel, ist an einem Baumstamm befestigt. Nun ist Geduld gefragt: Wird der Wind an Fahrt aufnehmen, sodass der Schlegel die Metallstäbe berührt und einen Klang erzeugt? Es nützt alles nichts: Um das Instrument zum Klingen zu bringen, muss man das herabhängende Seil betätigen. Gar nicht hören lassen will sich heute die Aeolsharfe. Der Gott des Windes, nach dem sie benannt ist, zieht es vor, sich nicht zu regen. Schließlich führt der Weg durch den Klangwald nach links, wieder auf das Torhaus zu. Einer der Höhepunkte ist die Klangwiege. Ein wenig erinnert sie an eine Futterkrippe. Man kann sich hineinlegen, am besten mit den Füßen Richtung Wald, und die Saiten außen zum Klingen bringen. Einfach daliegen, in die Bäume schauen und der Melodie des Waldes nachsinnen. Glücklich und entspannt: der schönste Augenblick an diesem Tag, vielleicht sogar in diesem Jahr.

● Klangwald Möhnesee/Parkplatz Torhaus, Arnsberger Straße 4, 59519 Möhnesee
● ÖPNV: Haltestelle Möhnesee-Delecke, Torhaus

Aber bitte mit Sahne

54 Landgasthof Schütte in Schmallenberg-Oberkirchen

Teppiche dämpfen den Tritt der Wanderschuhe. Das Feuer im Kamin verleiht dem Salon eine heimelige Atmosphäre und dem fahlen Winterlicht, das durch eine runde Lichtkuppel fällt, einen wärmeren Glanz. Der Kristallleuchter, der mittig in der Kuppel hängt, fängt das wenige Winterlicht ein und vervielfacht es, sodass auch die Sitznischen, die sich ringsum gruppieren, erhellt werden. Ein besonderes Flair verleihen dem fast runden Raum die geschnitzten Holzsäulen, die die gläserne, rankenverzierte Kuppel tragen. Gleich beim Eintreten hat der Wanderer das Gefühl, willkommen zu sein in diesem Ambiente, das Gemütlichkeit mit unaufdringlicher Eleganz paart. Die mit Samt bezogenen Sofas und Sessel laden zum Verweilen ein. Die Kerzen auf dem Tisch flackern leise im Luftzug. Der Raum strahlt Ruhe aus. Vor mir steht eine dampfende Tasse mit heißer Schokolade und einem Sahnehäubchen. Ich bin am Ziel.

TIPP

Je nach Jahreszeit hält der Wirt, selbst passionierter Jäger, verschiedene Wildgerichte bereit.

Der Landgasthof Schütte wird seit Jahrhunderten als Familienbetrieb geführt und befindet sich im sauerländischen Dorf Oberkirchen, das als eines der schönsten Dörfer Nordrhein-Westfalens gilt. Der Bauernhof, mit dem vor weit über 500 Jahren alles anfing, lag verkehrsgünstig an einem Handelsweg zwischen Köln und Leipzig. Die Postkutschenzeit brachte den Aufschwung als Gastwirtschaft und Poststation. Hier konnten Mensch und Tier noch einmal Kräfte sammeln vor dem beschwerlichen Aufstieg zum Kahlen Asten. Die Poststation gibt es heute nicht mehr, wohl aber den Gasthof, dessen schönes Fachwerkgebäude aus dem Jahre 1774 noch immer an den ursprünglichen Bauernhof erinnert und der für seine sehr gute Küche mit Sauerländer Spezialitäten weithin bekannt ist.

Das fast private, gemütliche Ambiente, die freundliche Bedienung und ein Chef, dem das Wohlergehen seiner Gäste sichtlich am Herzen liegt, und natürlich die heiße Schokolade in dieser entspannten Umgebung locken meine Wanderfreundinnen und mich immer wieder hierher. Denn bei unwirtlicher Witterung ist Schokolade Balsam für die Seele.

● Landhotel Gasthof Schütte, Eggeweg 2, 57392 Schmallenberg-Oberkirchen,
Tel. (0 29 75) 82-0, hotel-schuette.de
● ÖPNV: Haltestelle Schmallenberg-Oberkirchen Kirche

Kunst & Kuchen

Kunstschmiede Schütte in Schmallenberg-Oberkirchen

Idyllisch liegt die Schwarze Fabrik in einer Senke, das Gelände lässt sich gleich bei der Ankunft überschauen. Das Areal ist weiträumig, parkähnlich. Mittendrin ein Teich. Drumherum eine Vielzahl von Objekten aus Bronze, Stahl und Kupfer, handgefertigt in der Schmiedewerkstatt Schütte. Mittlerweile in der dritten Generation, erzählt Willi Schütte, der Senior. Er selbst, schon im Ruhestand, lässt es sich nicht nehmen, seine Lieblingsstücke – filigrane Schmetterlinge, Libellen und andere Lufttiere – immer noch selbst aus Kupfer oder Stahl zu schmieden. Nur die bronzenen Plastiken wie die Rehfamilie, die Meerjungfrauen und die Schweinchen werden in Oberitalien gegossen.

Es gibt verspielte Brunnen für drinnen und draußen, Sonnenblumen als Wasserspeier, Rankgitter, eine Kombination aus Vogelhäuschen und Tränke, vielerlei Getier und andere (Fabel-)Wesen … Die Fülle an Angeboten macht eine Entscheidung schwer. So kam 2006 die Idee ins Spiel, Interessenten die Gelegenheit zu geben, bei Kaffee und XXL-Torten in Ruhe über einen Kauf nachzudenken. Das Schmiedecafé war geboren. Es entstand im Hauptgebäude der ehemaligen Holzkohlefabrik. Die im Bärenkeller noch original erhaltenen Öfen mit ihren schmiedeeisernen Ofenklappen und die beiden eisernen Rahmen im Café, durch die einst die Loren mit Holzkohle fuhren, erinnern an die frühere Nutzung.

TIPP

Jeweils am ersten Adventswochenende gibt es in der Schmiede alle zwei Jahre einen Weihnachtsmarkt.

Das Ambiente des Cafés ist einzigartig. Die liebevolle Ausstattung mit Objekten aller Art macht neugierig und verlockt zu Entdeckungstouren drinnen wie draußen: filigran gestaltete Vasen, Kerzen- und Serviettenhalter, Tische mit Bronzefüßen und selbst entworfenen Glasplatten, die Skulptur eines jungen Mädchens in einer Nische hier, ein geflügelter Elefant auf einem schwarzen Flügel da. Käufliche Objekte werden zur Dekoration und umgekehrt.

Kauf oder Nichtkauf ist dabei nicht die Frage. Es macht einfach Spaß zu schauen und zu stöbern. Wer einmal hier war, kommt wieder. Garantiert.

● Kunstschmiede Schütte, Lennestraße 8, 57392 Schmallenberg-Oberkirchen,
Tel. (0 29 75) 89 05, kunstschmiede-schuette.de
● ÖPNV: Haltestelle Oberkirchen-Lennestraße

Die Orgeln in der Orgel

56

Die Orgel im Kloster Oelinghausen bei Arnsberg

Sie pfeift und säuselt und dröhnt und rauscht und atmet und schwingt, leise und laut, im Diskant und im Bass, mit Flöten, Zimbeln und Trompeten. Die 19 Register der Barockorgel in der Klosterkirche Oelinghausen sind äußerst variabel und unterschiedlich einsetzbar. Die Zuhörer sind ergriffen und berührt von den farbenreichen, klaren Tönen, von ihrem schwingenden, harmonischen, fast melancholisch anmutenden Klang. Die Klausing-Orgel ist ein besonderes Instrument. Das spürt sogar der musikalische Laie und verlässt die Kirche nach einem Konzert beglückt und bereichert.

Zwischen 1999 und 2002 wurde die Orgel von der Schweizer Firma Kuhn von Grund auf restauriert und auf das Klangideal seines Erbauers Berenhard Klausing zurückgeführt. Diesem gelang es, eine neue Orgel zu schaffen und neue Register mit den neun verbliebenen der drei Vorgängerorgeln aus dem 14., 16. und 17. Jahrhundert zu einem harmonischen Klangkörper zu verschmelzen. Die Orgeln in der Orgel sind nicht zu sehen, verleihen aber der Klausing-Orgel ihren unverwechselbaren Klang, der sie für Musik aus der Barockzeit und der Renaissance prädestiniert. Für neuere Musik sind die zwei kleinen Spieltische nicht ausgelegt. Den außergewöhnlichen Klang verdankt das Instrument vor allem den hervorragenden Klangeigenschaften der Pfeifen, die Meister Martin de Mare, Orgelbauer der Brabanter Schule, für den Bau seiner Orgel in den Jahren 1599 bis 1601 verwendete. Äußerlich prunkt diese einzigartige Orgel mit gedrechselten Säulen, Spitztürmchen, Ornamenten und Engelköpfen, Barock eben. Aufgeplustert durch Blindpfeifen in der Emporenbrüstung wirkt sie viel größer, als sie tatsächlich ist, und bietet dem prächtigen barocken Hauptaltar auf der gegenüberliegenden Ostseite optisch Paroli. Bei Konzerten spielt ihr äußerer Glanz jedoch keine Rolle. Da lauschen Musikliebhaber Werken von Bach, Buxtehude, Händel, oder anderen aus der Reihe „Musica Sacra", die mal virtuos, mal poetisch erklingen. Immer jedoch zu Herzen gehend.

TIPP

Eine Führung durch die Kirche mit all ihren Kostbarkeiten ist unbedingt empfehlenswert.

● Kloster Oelinghausen, Oelinghausen 2, 59757 Arnsberg
oelinghausen.de

Zieh die Badehose an

57 Naturerlebnisbad in Lennestadt-Saalhausen

Ach, ist das schön. So eine Idylle. Zwei Radfahrer, die zufällig am Naturerlebnisbad vorbeikommen und kurz hereinschauen, sind von dem Anblick überrascht und begeistert. Zwei Schwimmteiche, eingefasst mit Holzbohlen und befestigt mit Steinen und Kieseln im Einstiegsbereich, fügen sich mit ihrer Randbepflanzung nahtlos in die Landschaft ein: ein baumbestandener Wiesenhang, Sträucher, Blumen, Gräser, ein durch eine Hecke fast verborgener Abenteuerspielplatz. Das Besondere dieses Bades allerdings kann man nicht sehen, nur riechen: Es liegt kein Chlorgeruch in der Luft. Dieses Bad wird ausschließlich aus dem Wasser eines extra gebohrten, 80 Meter tiefen Brunnens gespeist. Die Wassertemperatur beträgt 22 bis 24 Grad. Aus sechs Düsen schießt ein steter Brunnenwasserstrahl in die beiden Seen: Schwimmer und Nichtschwimmer. Eine Hand prüfend ins Wasser gehalten: gar nicht so kalt.

TIPP

In unmittelbarer Nähe liegt an der Lenne der Bewegungspark TalVital.

Mit einer Tiefe von bis zu 3,80 Meter und einer Größe von etwa 20 mal 20 Metern im Schwimmerbereich bietet dieser auch durch den Kies-Sand-Boden natürlich wirkende Badesee eine Alternative für alle, die Chlor nicht mögen oder vertragen. Keine roten Augen, keine juckende Nase, dafür sauberes, chemikalienfreies Wasser, dessen Qualität regelmäßig überprüft wird. Man muss nicht nach Frankreich oder Italien fahren, um in den Genuss zu kommen, in einem natürlichen See zu schwimmen. Zu verdanken ist dieses besondere Erlebnis der Initiative der Stadt Lennestadt und dem Verein Naturerlebnisbad Saalhausen e.V., die vor Jahren auf die Idee kamen, den Urlaubern und den Einheimischen dieses Bad zu bauen.

„Wir vertrauen auf die Natur. Noch nie hat es Qualitätsprobleme mit dem Wasser gegeben. Bei heißem Wetter wird einfach die Durchlaufmenge erhöht", erklärt Manfred Lück, stellvertretender Vorsitzender des Vereins und mit Herzblut von Anfang an dabei. Dem Verein, der das Schwimmbad betreibt, ist es wichtig, dass alle Gäste, ob groß oder klein, sich rundum wohlfühlen.

● Naturerlebnisbad Saalhausen, Fasanenweg 3, 57368 Lennestadt-Saalhausen
saalhausen.de
● ÖPNV: Haltestelle Lennestadt-Saalhausen Kirche

Über Stock und über Steine

58 Der Radgeber in Lennestadt- Saalhausen

Wer den Laden betritt, versteht sofort, warum er als kleinster Radladen Deutschlands bezeichnet wird. Garagengröße, könnte passen. Aber was da alles reingeht! Jede Menge Mountainbikes zum Mieten und Kaufen. Dass man geführte Touren buchen kann, erfährt man von dem Besitzer des Fahrradgeschäfts, Gerd Engelbertz. In früheren Jahren begeisterter Musiker – sogar mit Götz Alzmann hat er gespielt – hängte er vor Jahren seine E-Gitarre, eine Fender, an den sprichwörtlichen Nagel und machte sein Hobby zum Beruf. Seine Begeisterung für das Mountainbikefahren ist ansteckend. Gleich möchte man eine Tour buchen, zum Sonnenaufgang oder im Wald über Stock und Stein, steil bergab für Geübte oder gemächlicher auf ausgebauten Waldwegen. Es gibt Angebote für jedes Niveau, immer jedoch im Einklang mit der Natur.

TIPP

Jedes Jahr im April findet ein Cross-country-Rennen, das Shark Attak Festival, in Saalhausen statt.

Das Naturerlebnis steht für den Gründer des Vereins Bike Arena Sauerland an erster Stelle. Mountainbikefahrer, ist er überzeugt, sind Naturgenießer. Immer ist Zeit für einen Halt, um das Panorama zu genießen, dem Plätschern eines Baches oder den Vögeln zu lauschen.

Für die harten Touren brauchen die Biker viel Kondition, gilt es doch schon mal bis zu 3000 Höhenmeter zu überwinden. Absteigen erlaubt. Mit Downhillfahren hat das nichts zu tun.

Gert Engelbertz bietet zusammen mit dem Radsporttrainer von Sauerland XTRails Thorsten Kathol Routen an, die es in sich haben. Ein Marathon und drei deutsche Meisterschaften belegen, dass die kniffligen Trails höchsten Ansprüchen genügen.

Die nötige Technik für das Springen, Felspassagen und Kurvenfahren kann man in den angebotenen Technikkursen und auf dem bestbesuchten Spielplatz des Ortes lernen, wie die Saalhausener ihren Bikeparcours nennen. Hindernisse, schmale Pfade und sonstige Schikanen. Kein Problem für Mountainbikefans jeden Alters. Hauptsache glücklich.

Die Geländetouren werden immer wieder neu festgelegt. Man kann sich überraschen lassen.

● Der Radgeber, In den Peilen 6, 57368 Lennestadt-Saalhausen, Tel. (0 27 23) 8 06 66
der-radgeber.com
● ÖPNV: Haltestelle Lennestadt-Saalhausen Kirche

Gewaltiges Geschenk

59 Der Kyrillpfad in Schmallenberg-Schanze

Es krachte, knirschte, jaulte und brauste, als der Orkan Kyrill im Januar 2007 über das Sauerland hinwegfegte. Eine 3,5 Hektar große Fläche zeugt noch heute von den Verwüstungen, die der Sturm auch in Schanze angerichtet hat. Aus Richtung Grafschaft kommend, geht es durch den Ort hindurch. Nach wenigen Hundert Metern sieht man auf der linken Seite, unterhalb des Krummstabs, der Nummer Sieben des Waldskulpturenwegs, ein einfaches Holzschild: Kyrillpfad steht darauf. Der Eingang liegt direkt an der Ranger-Station.

Der etwa ein Kilometer lange Pfad schlängelt sich durch den Sturmwald, den Kyrill hinterlassen hat. Bizarr geformte Baumstümpfe ragen kahl empor, Baumstämme liegen wie Mikados neben- und übereinander, aus dem Boden gerissen, umgeknickt, zersplittert. Himmelwärts strebende Wurzelballen wirken wie Skulpturen. Im Winter hebt der Schnee ihre Konturen besonders hervor. Das Gelände ist eine einzigartige Wildnis. Wäre die schmale Schneise nicht, die die Ranger von Wald und Holz NRW geschlagen haben, man könnte sich leicht in dem undurchdringlichen Gewirr von Totholz, Baumstümpfen, Wurzelballen und nachwachsendem Gehölz verirren. Die ordnende Hand des Menschen fehlt. Absichtlich. Bei den Aufräumarbeiten nach dem Sturm entstand die Idee, eine „Kyrillfläche" unberührt zu lassen. Die Menschen können hier erleben, wie die Natur mit Windwurfflächen umgeht. Viele Baumstämme sind inzwischen verrottet. Ihr Humus liefert unterschiedlichen Pflanzen und Baumsprösslingen neue Nahrung. Der Wald verjüngt und verändert sich. Neben Nadelgehölzen wachsen Birken, Ahorn und Buchen. Auf 250 Metern können Familien mit Kinderwagen und Rollstuhlfahrer barrierefrei dieses einmalige Naturerlebnis genießen. Eingeweiht wurde der Kyrillpfad mit seinen Aussichtspunkten, Brücken und Stegen im Mai 2008. Da im Kyrillwald nicht gejagt wird, sieht man mit etwas Glück auch das eine oder andere Wild, das in diesem geschützten Bereich Ruhe findet.

TIPP
Führungen
mit Rangern
sind möglich.
Ranger Fred
Josef Hansen,
Tel. (01 71)
5 87 16 51

● Kyrillpfad, 57392 Schmallenberg-Schanze
sauerland.com/Attraktionen/Kyrillpfad

Wanderer, kommst du nach E

60 Burgruine Eversberg bei Meschede

Man sieht sie aus allen Richtungen, ob man von Brilon, Meschede oder Warstein kommt: die Turmruine eines mittelalterlichen Schlosses aus dem 11./12. Jahrhundert. Sie thront auf dem 453 Meter hohen Schlossberg von Eversberg. Von der Turmspitze flattert eine blau-weiße Fahne. In der Weihnachtszeit strahlt an ihrer Stelle ein Stern.

Als die vom Grafen Eberhard von Arnsberg zunächst als Jagdschloss erbaute Burg 1235 abbrannte, wurde sie von Graf Gottfried III. als Schutzburg neu errichtet. Übrig geblieben ist nach einer wechselvollen Geschichte lediglich einer der beiden Türme der Burg.

Der Weg zum Schlossberg hinauf führt durch das malerische Eversberg, das sich an die Nordflanke des Schlossberges duckt. Seit 1975 nach Meschede eingemeindet, nennt sich der 1242 gegründete Ort noch immer stolz Bergstadt.

TIPP

Lohnend ist auch der Eversberger Altstadtpfad.

Bevor man das letzte steile Stück des Schlossbergs erklimmt, wahlweise über einen schmalen Pfad oder einen asphaltierten Weg, führt die Straße bergauf vorbei an hübschen, gepflegten Fachwerkhäusern und an der Pfarrkirche St. Johannes im romanisch-gotischen Stil. Eine Besichtigung des barocken Inneren der Kirche sollte man sich unbedingt für den Rückweg vornehmen. Auf dem Schlossberg angekommen, erblickt man nicht nur den 7,5 Meter hohen Steinturm, sondern auch Mauerreste der Burganlage. Über breite hölzerne Treppen gelangt man auf die Plattform und hat einen umwerfenden Rundumblick auf das Ruhrtal im Osten und das Naturschutzgebiet Arnsberger Wald. Im Westen lockt der Lörmecke-Turm. Gut, dass es den Wanderweg A8 gibt, der vom Parkplatz Buchplette unterhalb der Stadt durch das Kohlewedertal zur höchsten Erhebung des Naturschutzgebietes führt (siehe Seite 90).

Wer nicht wandern, sondern stattdessen das Panorama genießen möchte, macht es sich auf einem der breiten hölzernen Wandersofas bequem. So kann man geruhsam den Wolken nachschauen oder den Blick auf die Berge in der Ferne genießen. Dem Alltag entrückt.

● Burgruine Eversberg, Schlossberg 6A, 59872 Meschede
● ÖPNV: Haltestelle Eversberg Mittelstraße

Sagenhafte Seherin

61 Die Veleda-Höhle in Bestwig-Velmede

Der Sage nach hat sich die germanische Seherin Veleda um 70 n. Chr. ruhraufwärts vor den Römern in diese Höhle bei Velmede geflüchtet. Die Bewohner der Gegend sollen sie wie eine Göttin verehrt und ihr Opfergaben gebracht haben. Veleda, aus dem Stamm der Brukterer, setzte ihre seherischen Fähigkeiten im Kampf gegen die Römer ein.

Bronzezeitliche Keramikscherben, Schmuckstücke und Werkzeuge, Tierknochen und Menschenschädel erzählen von der Nutzung der Höhle Jahrtausende vorher. Was bedeuten die 38 Schädelknochen von 32 verschiedenen Menschen? War der Ort einst Wohn- oder Begräbnisstätte? Wer hat sich hier mit wem getroffen und warum? Kritzeleien jüngeren Datums geben Neugierigen Anlass zu vielfältigen Spekulationen. Zu sehen sind die mit Pechfackeln und Stiften verewigten Inschriften am Ende des Ganges, der sich linker Hand der zehn mal zwölf Meter großen Eingangshöhle etwa 90 Meter tief in den Berg hineinzieht.

Diese Karsthöhle hat etwas anziehend Mystisches, das die Fantasie der Besucher anregt. Da sind von urzeitlichem Wasser ausgestrudelte Vertiefungen. Ein Skelett? Ist das am Eingang gar eine Skulptur der Seherin, von der Natur selbst geschaffen?

Bis zum ersten Weltkrieg war es Tradition, dass die Velmeder nach dem Hochamt am Ostersonntag zur Höhle am Ostenberg pilgerten. Die Dorfjugend traf sich „heimlich" im sogenannten „Schusterstübchen" im hinteren Teil der Höhle, bis die Eingänge verschlossen wurden.

Geologisch gehört die Höhle zum Kalkzug Hohler Stein. Ihre bis zu 50 Meter tiefliegenden Partien mit Sinterbecken und freischwebendem Stalaktit bleiben der Erforschung der Geologen vorbehalten. Die Geschichten der Höhlenführer über diese verborgenen Teile beflügeln die Fantasie. Ein frei schwebender Stalaktit?

Seit der Einweihung im Mai 2015 kann die Höhle an jedem letzten Wochenende in den Sommermonaten besichtigt werden. Metallstege erleichtern den Einstieg. Darüber hinaus ist die Höhle so geblieben, wie der Geologe Emil Carthaus sie um 1910 vorfand. Glücklicherweise.

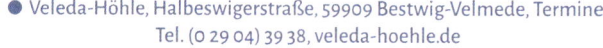

● Veleda-Höhle, Halbeswigerstraße, 59909 Bestwig-Velmede, Termine: Tel. (0 29 04) 39 38, veleda-hoehle.de

Wie Hans im Glück

62 ## Das Curioseum in Willingen-Usseln

„Kitsch und Kunst und Krempel" steht auf dem Plakat vor der Scheune, die ein Museum ist, das ein Sammelsurium ist von … was? Hans Schlömer sammelte alles, wirklich alles.

Womit beginnen? Mit dem pinkfarbenen Auto im Giebel oder der Kuh auf dem Dach, mit den Drachen aus Eisen oder dem Blechmann auf der Wiese vor der Scheune? Der erste Eindruck ist Verwirrung, noch bevor man durch die von chinesischen Drachen bewachte Tür das Museum betritt. Die Augen flitzen hierhin und dorthin, streifen den Porzellanhimmel, das Eisenbahncoupé – Holzklasse, huschen vorbei an Fotos aus Kaisers Zeiten, an leeren Cola-, Fanta- und anderen Dosen, an einem DEUTZ-Trecker, an Asterix und Obelix, einem Stuhl aus Computertastaturen, an einem U-Boot aus dem Zweiten Weltkrieg. Echt? Musik aus den 1920er-Jahren untermalt die Szenerie.

Immer weiter treibt es den neugierigen Besucher entlang der verschlungenen Pfade. Fasziniert, überwältigt vom scheinbaren Chaos dieses Kuriositätenkabinetts auf 2500 Quadratmetern bemerkt er jedoch bald die ordnende Hand des mittlerweile verstorbenen Sammlers. Er hat zwar wahllos gesammelt, aber Szenarien mit Witz und Humor entworfen. Jede Menge ausgerissene Zähne und Zahnprothesen, ordentlich in Brechschalen präsentiert, verweisen auf Sinn und Zweck der ausgestellten zahnärztlichen Werkzeuge. Die Schädlichkeit des Rauchens wird illustriert mit Bergen leerer Zigarettenschachteln, bewacht von einem Skelett. Pin-up-Girls auf Postern räkeln sich hinter bunten Ledersofas aus den 1950er-Jahren.

Junge, komm bald wieder, singt Freddy Quinn passend in einem Bereich des Museums, der reserviert ist für Schiffsmodelle jeglicher Art, aus allen erdenklichen Materialien, sogar aus Streichhölzern.

Schließlich des Sammlers höchstes Glück. Echte Oldtimer: ein Austin-Healey in Rot mit sparsam bekleideter Blondine, ein Jaguar E von 1969 und eine BMW-Familienkutsche, Baujahr 1973, zum Anfassen. Berührungsängste gibt es in diesem Museum nicht. Unbedingt einen ganzen Tag für den Besuch einplanen.

● Curioseum, Düdinghauser Straße 1, 34508 Willingen-Usseln, Tel. (0 56 32) 62 32
curioseum-willingen.de

Rodelspaß bei jedem Wetter

63

Die Rodelbahn Schanzen Wirbel in Winterberg

Auf Edelstahlschienen saust der Schlitten unterhalb der St.-Georg-Schanze durch die Kurven. Kurz vor dem Ende beschleunigt er auf 41 Stundenkilometer. Das gibt schon einen Adrenalinkick, zumal sich das Fahrgerät in der letzten langen S-Kurve in bedenkliche Schräglage begibt.

Schon das Heraufziehen des Schlittens, die Überwindung von 200 Höhenmetern bis zum Abfahrtspunkt auf 750 Meter, ist spektakulär. Ganz steil geht es bergauf, der Blick wandert zum Horizont. Der knallblaue Schlitten ist der einzige Farbtupfer im Winterweiß. Oben angekommen, hat man eine wunderbare Aussicht auf die Pisten rund um die Sprungschanze und auf die Skifahrer, die das Weiß beleben. Noch ein respektvoller Blick zur hoch aufragenden Schanze, dann geht es los. Während der Schlitten langsam Fahrt aufnimmt, die Augen anfangs noch gemächlich über die verschneite Landschaft schweifen, überkommt einen mit zunehmendem Tempo ein Gefühl von Leichtigkeit und Freude. In den zum Teil recht eng geführten Kurven macht sich im Bauch ein leichtes Ziehen bemerkbar. Der Blick verschwimmt in den Kurven, der Horizont verrutscht, Tannen fliegen rechts, Skifahrer links vorbei. Manche geben hier dem Impuls zu bremsen nach. Plötzlich ein Tunnel, geradeaus und – schon ist man hindurch. Ist die letzte Kurve mit voller Geschwindigkeit, ohne zu bremsen, genommen und sieht man den Auslauf vor sich, hat man nur einen Wunsch: noch einmal. Zum Glück kann man im Kassenhäuschen auch Fünferkarten kaufen. Das Fahren im Zweierschlitten ist auch für Familien geeignet. Kinder ab acht Jahren dürfen selbst fahren. Anschnallen ist Pflicht. Zur Sicherheit. Gebremst wird mit einem einfachen Hebel. Jeden Morgen wird vor der Öffnung die Strecke auf einer Probefahrt gründlich inspiziert. Der Schanzen Wirbel ist die neueste der Rodelanlagen im Skigebiet Winterberg. Sie wird im Sommer und Winter bei fast jedem Wetter betrieben. Die Schlitten haben nämlich auch Regenhauben.

TIPP

Vom Zweier-Sessellift/von der Schanze geht eine Zip-Line über die Bergstation/Astenstraße zum Schanzenauslauf.

● Schanzen Wirbel, In der Büre 25, 59955 Winterberg
skiliftkarussell.de/sommerrodelbahnen/schanzen-wirbel
● ÖPNV: Haltestelle Winterberg Rathaus

Glückliche Einkehr

64 Hotel Waldhaus in Föckinghausen

Allerlei Wege und Gründe führen auf die Föckinghauser Hochebene. Manche möchten vom Alltagsstress ausspannen. Andere kommen hierher, um Pfifferlinge zu sammeln, die im Herbst üppig in den Fichtenwäldern rund um Föckinghausen sprießen, viele lockt der Blick von der nahen Aussichtsplattform auf dem Sengenberg: Eversberg und Meschede, der Arnsberger Wald, das Ruhrtal, die Föckinghauser Hochebene. Wieder andere kommen über den Ruhrhöhenweg (XR). Einige wählen die Hochebene als Ausgangspunkt für Rundwanderungen durch das Obere Gepketal (A 3) oder Aschensiepen (A 1). Sportliche können von hier aus zum etwa neun Kilometer entfernten Lörmecke-Turm laufen. Unterwegs ziehen merkwürdig auffällige Plateaus die Blicke der Wanderer auf sich: ehemalige Köhlerplätze.

TIPP

Für den kleinen Urlaub zwischendurch bietet das Hotel gemütliche Zimmer an.

Für alle, Ruhesuchende wie Naturverbundene, bietet das Waldhaus einen idealen Ort zur Einkehr. Ganzjährig lädt die urtypische Sauerländer Gaststube mit altem Balkenwerk und Gehörnen an den Wänden zum Rasten ein. Im Sommer ist der große baumbestandene Biergarten geöffnet. Ein „Logenplatz der Gastlichkeit" zu sein ist das erklärte Ziel der Familie Knippschild. Qualität und ein freundlicher Service sind selbstverständlich. Das kulinarische Angebot reicht vom üppigen Frühstück über einen Mittagstisch – immer mit Suppe –, vom selbst gebackenen Kuchen bis zur umfangreichen Abendkarte. Wildgerichte, Sauerländer Spezialitäten und Schnittchen stehen immer auf der Speisekarte, für Vegetarier leckere Salatteller und diverse Süppchen. Die meisten Produkte stammen aus der Region. Hausmannskost, schmackhaft, gediegen. Wildhasentöpfchen mit Pfifferlingen oder Medaillons vom Wildschweinrücken. Portionen, von denen ein hungriger Wanderer satt wird. Das Angebot richtet sich nach den Jahreszeiten. Als Dessert empfiehlt sich das hausgemachte Walnussparfait. Wer wiederkommen möchte, kann das noch lange. Denn zum Glück gehört auch das Bewahren von Tradition zur Philosophie des Hauses – seit 1746.

● Waldhaus Föckinghausen, Föckinghausen 23, 59909 Bestwig, Tel. (0 29 04) 9 77 60
hotel-waldhaus.com
● ÖPNV: Haltestelle Waldhaus

Natürlich glücklich

65 ## Landhofladen Clemens Gödde bei Balve

Über dem Anwesen kreisen Milane und Bussarde im Aufwind. Pferde grasen auf den Weiden oberhalb des Gehöfts. Natur pur. Hier scheint die Welt noch in Ordnung. Ein alter Bildstock mit Pietà oberhalb des Hofes steht für den göttlichen Segen und zeugt von früherer Bedeutung.

Der Hof, ein ehemaliges Rittergut, auf dem sich 1812 Soldaten Napoleons einquartierten, ist seit 1867 im Besitz der Familie Gödde. Die Jahreszahl steht unter dem schmucken Türmchen der Remise. Der Hof ist von der B 229 aus nicht zu übersehen. Der helle Sandstein der Gebäude kontrastiert mit den ausladenden Kronen der uralten Eichen im Hof. Die Bäume, liebevoll gehegt vom Senior, blicken herab auf den offenen Schweinestall, in dem sich glückliche Schweine tummeln und uns neugierig ihre Rüssel entgegenstrecken. Die Rinder im Stall käuen geruhsam das duftende Heu wider. Gut abgehangen findet man ihr Fleisch im hofeigenen Laden wieder.

Der Hofladen. Reichlich bestückt mit Fleisch- und Wurstprodukten aus eigener Herstellung. Leber-, Blut- und Schinkenwurst liegen appetitlich neben westfälischem Schinken in der Kühltheke. Jahreszeitlich bedingt, wird das Angebot erweitert durch Rehkeule und -rücken, Wildschweinbraten, Wildsalami und allerlei Leckerem vom Wild aus eigener Jagd.

Die Familie Gödde vertritt das Prinzip der kurzen Wege. Fleisch und Wurst, Liköre, Eingemachtes und Marmelade, Obst und Gemüse, Eier und Milchprodukte, alles ist entweder selbst produziert oder aus der Region. Man ist gut vernetzt zwischen dem Sauerland und dem Münsterland. Zur Freude der umweltbewussten Käufer liegt dem Bauern eine gute Ökobilanz am Herzen.

Angefangen hat die Familie Gödde nach dem Krieg mit dem Haus-zu- Haus-Verkauf von Kartoffeln aus eigenem Anbau. Schließlich entstand die Idee zu einem Hofladen. Kartoffeln werden immer noch verkauft, genauso wie die Äpfel von der eigenen Streuobstwiese. Alte Sorten. Zum Glück für alle, die im Bewahren einen Fortschritt sehen.

TIPP
Die Familie vermietet eine alte renovierte Kate als Ferienwohnung.

● Landhofladen Clemens Gödde, Benkamp 2, 58802 Balve, Tel. (0 23 75) 22 34
hof-goedde.de

Von Geheimnissen & Mythen

66 Die Drüggelter Kapelle in Möhnesee

War sie, im Quellgebiet vieler Flüsschen errichtet, eine heidnische Kultstätte der Göttin Trigla, deren Bildnis vor Jahrhunderten hier angeblich seinen Platz hatte? Diente sie als Taufkapelle? Ist sie gar der Grabeskirche in Jerusalem nachgebildet? Ihr Bau fällt zumindest in die Zeit der Kreuzzüge. Um die Drüggelter Kapelle ranken sich viele Spekulationen, Mythen und Theorien. Ihr Geheimnis beflügelt die Fantasie der Menschen und gebiert immer neue Deutungsmöglichkeiten. Wer sich einmal mit ihr beschäftigt hat, den lässt die Kapelle nicht mehr los. Dabei wirkt der Zentralbau von außen eher schlicht mit seinem weißen Putz und dem Schieferdach mit Glockentürmchen. Der wahre Reichtum des Kirchleins offenbart sich im Innern. Der Besucher fühlt sich sofort eins mit dem runden Raum: Zwölf Säulen aus Sandstein, die das Kreuzrippengewölbe tragen, umschließen zwei gemauerte Pfeiler und zwei Säulen, auf denen die Kuppel ruht. Früher soll hier die Eichenholztruhe gestanden haben, die man bei Renovierungsarbeiten in den 30er-Jahren des 20. Jahrhunderts wiederfand und die auf 1170 bis 1175 datiert wird. Die Eiche selbst war zu dem Zeitpunkt 200 Jahre alt. Welch ehrfurchtgebietende Zeiträume sich auftun. Beim Öffnen des Truhendeckels meint man, das Mittelalter wehe einen an.

TIPP

Von Juni bis September finden Sonntagnachmittag in der Kapelle die Drüggelter Konzerte statt.

Die Kapitelle der Säulen sind mit floralen Mustern, Tier- und Menschengesichtern, mit Sonne, Mond und Sternen geschmückt. Die Sonne symbolisiert – im Osten – die helle Welt, der Widderkopf im Westen die dunkle. Also doch heidnisch? Zumindest gibt es in diesem Sakralbau keines der zu erwartenden christlichen Motive. Der Altar in der Apsis wurde erst später errichtet.

Die einzigartige Akustik verdankt die Kapelle ihrer Konstruktion als Rundbau. Selbst leiseste Klänge füllen den ganzen Raum. Musik wird zu einem auch körperlich spürbaren Erlebnis, besonders wenn man die Augen schließt. Glück des Seins. Zuflucht vor Stress und Hektik des Alltags. Die Kapelle ist immer geöffnet.

● Drüggelter Kapelle, Drüggelter Weg 5, 59519 Möhnesee, Anmeldung: Möhnesee-Tourismus, moehnesee.de
● ÖPNV: Haltestelle Möhnesee Delecke

Wo Elfen & Feen tanzen

67

Die Bruchhauser Steine bei Olsberg

Vier mächtige Felsen wurden nach dem Ort Bruchhausen benannt. Bekannt ist, dass sie aus dem Istenberg hervorragen und ihre Entstehung vor weit mehr als 100 Millionen Jahren begann. Sie bestehen aus Porphyr, einem Gestein, das der Erosion standgehalten hat. Zur Unterscheidung bekamen die vier weithin sichtbaren Felsen die Namen Bornstein, Feldstein, Goldstein und Ravenstein. Der 45 Meter hohe Feldstein ist zu besteigen. Wanderer, die sich zum neun Meter hohen Gipfelkreuz aufmachen, werden mit einem spektakulären Weitblick über die Gipfel des Sauerlandes belohnt. Spannende Geschichten ranken sich um die Bruchhauser Steine, die wie Türme auf dem Berg stehen. Zwischen ihnen weisen Reste von Wällen auf die einstige Existenz einer Burg hin. Man weiß nicht, ob die Burg dauerhaft bewohnt war oder als Fluchtburg diente. Doch wer floh vor wem? Der Fund eines 2600 Jahre alten Bronzearmreifs befeuert die Vermutung, dass sich am Fuß der Felsen Kultstätten befanden oder gar ein Heiligtum der germanischen Göttin Tamfana. Ihr zu Ehren sollen ausgiebige Feste und Opferrituale begangen worden sein. Und aus neuerer Zeit stammen Legenden wie die der Nonne Pia, einer Tochter des Grafen von Bruchhausen: Nachdem sie unerlaubt die Hochzeit ihrer Schwester besucht hatte und nachts heimlich nach Hause schleichen wollte, sei ein ehemals fünfter Felsen zum Zeichen göttlicher Warnung vor Ungehorsam von einem Blitz zerschmettert worden – fortan gab es nur noch vier Bruchhauser Steine.

Die Bruchhauser Steine sind für viele ein mystischer Ort, an dem man Energie tanken und frische Kräfte sammeln, seinen Gedanken nachhängen oder seiner Fantasie freien Lauf lassen kann. Wer den Schmetterlingen vor einem Felsbogen beim Tanz im Licht der Frühjahrssonne zusieht, meint an einem solchen Ort bald, geflügelte Wesen in endlosem Reigen über der Wiese vor dem nahen Wald zu sehen …

TIPP

Die Bruchhauser Steine sind Gleitschirmfluggebiet. Diverse Anbieter offerieren auch Tandemflüge.

● Bruchhauser Steine, 59939 Olsberg
stiftung-bruchhauser-steine.de
● ÖPNV: Haltestelle Bruchhausen Unter den Steinen

Budenzauber

68 Letmathe und die Kiliankirmes

Letmathe, seit 1975 Ortsteil von Iserlohn, liegt am Nordufer der Lenne, die von der Quelle bis hierher schon mehr als 100 Kilometer zurückgelegt hat. Ein Besuch dort lohnt sich zu jeder Jahreszeit, doch besonders empfiehlt sich das dritte Wochenende im Juli: Dann nämlich findet die Kiliankirmes statt und Lemathe steht Kopf. Selbst der Verkehr wird umgeleitet, denn die Kiliankirmes ist ein Volksfest im Herzen des Ortes, das als Großveranstaltung immerhin 200.000 Besucher anzieht – darunter auch viele, die dazu in „ihre" Stadt zurückkehren. Die Nähe der Bewohner Letmathes zu ihrer Heimat wird von der Stadt Iserlohn und ihrer Werbegemeinschaft etwa durch die Einrichtung eines Bürgertreffs zu Kirmeszeiten besonders gefördert. Die Kiliankirmes ist etwas anders als andere Veranstaltungen dieser Art. Auf etwa 1,5 Kilometern gibt es nicht nur die Budengasse der Schausteller und die großen Fahrgeschäfte, sondern es nehmen auch Initiativen, Gastronomen und Vereine teil. Eine hervorragende Gelegenheit, sich treiben zu lassen, Menschen kennenzulernen und dem Sauerländer etwas näher zu kommen, der gar nicht so distanziert ist, wie ein Klischee weismachen will. Die Kirmes beginnt am Freitag. Wer mag, kann am verkaufsoffenen Sonntag in der Innenstadt shoppen. Am Montag ist Familientag, und Montagabend endet die Kirmes mit einem grandiosen Höhenfeuerwerk. Was ursprünglich als Kirchweihfest im Mittelalter begann, ist heute Großveranstaltung. Kirchweihfest? Wo ein solches Fest gefeiert wird, muss auch eine Kirche sein. Der Kiliansdom, wie die Letmather ihre Kirche nennen, ist die größte Hallenkirche im Märkischen Kreis, nicht weit von Innenstadt oder Lennepromenade entfernt. Im neugotischen Stil gebaut, wurde sie im November 1917 eingeweiht. Vermutet wird, dass an ihrem Platz schon im 14. Jahrhundert eine Kirche stand. Ein Besuch empfiehlt sich nicht nur der Ruhe und Einkehr wegen, sondern gerade, um die Schönheiten des Baus und seines Innenraums zu entdecken – sozusagen als kleines Gegenprogramm zum fröhlich-trubeligen Kirmesevent.

● Kiliankirmes, 58642 Iserlohn-Letmathe
● ÖPNV: Haltestelle Letmathe Mitte

Woanders ist hier

69 Der Live-Musik-Klub in Menden

Menden – eine Stadt im Sauerland, im Märkischen Kreis. Schon im 9. Jahrhundert wurde Menden erstmals urkundlich erwähnt, denn wie so oft führt auch hier eine geographisch günstige Lage zu früher Besiedlung. Und Mendens Entwicklung führt immer wieder zu Begehrlichkeiten von Rittern, adligen Herren und Bischöfen, die wiederum zu Zerstörung führen. Doch die Mendener Einwohner bauten ihre Stadt immer wieder auf. Heute erinnern Teile der Stadtmauer und zahlreiche Gebäude an diese Zeiten und geben der Stadt ihr besonderes Flair.

Menden – Stadt der Industrie, des Handels und der Musik. Musik? Aber ja, denn neben zahlreichen Musikinitiativen und Vereinen gibt es das „woanders". Und dieses „woanders" ist mitten in der Stadt, nicht weit von Rathaus und der Kirche Sankt Vincenz.

Blues, Rock oder Funk, Fusion oder doch Singer-Songwriter-Musik? Das Programm ist so vielfältig wie die Cocktails, die hinter der kleinen feinen Bar gemixt werden. Und wer nicht nur selbst ein Instrument spielen kann, sondern den Mut aufbringt, mit anderen öffentlich zu musizieren, der ist einmal im Monat eingeladen zu jammen.

Ich mag diese Minuten vor einem Auftritt. Hektische Betriebsamkeit. Hier wird eine Bestellung aufgenommen, dort ein Getränk serviert. Die Bühne ist leer. Das Licht wird schwächer. Zwischen Instrumenten huschen Schatten im Dämmerlicht der Notbeleuchtung und Dioden der Musikanlage. Gefühlt endloses Warten. Erstes Klatschen und Pfiffe. Das Klatschen nimmt einen Rhythmus auf. Und ich klatsche mit. Etwas hat sich fast unmerklich verändert. Die Silhouette eines Menschen erscheint auf der Bühne, ein Mikrofon knackt. Leises Rauschen, das lauter wird. Endlich eine Stimme: „Meine Damen und Herren, ich freue mich sehr, Ihnen im ‚woanders' einen top act der Blues-Szene ankündigen zu dürfen … Freuen Sie sich mit mir auf …" der Sprecher nennt den Namen, tritt ab. Applaus brandet auf. Dazwischen freudiges Johlen, es kann losgehen. Als könne er es nicht mehr abwarten, gibt der Schlagzeuger den Takt vor. Die Show rollt.

. . . .

● woanders, Marktstraße 1, 58706 Menden
wo-anders.nrw
● ÖPNV: Bahnhof Menden

Zum Ursprung zurück

70

Die Ruhrquelle bei Winterberg

In der Sonne sitzen und rasten. Das Schattenspiel von Blättern im Wind auf den grauen Steinplatten eines Rondells aus den 1950er-Jahren beobachten. Dem vielstimmigen Konzert der Vögel lauschen, in den Wald hineinhören. Oder einfach mal den Gedanken nachhängen und diese mit den Wolken treiben lassen. Sich wie ein Tropfen in einer Wolke bis ans Meer tragen lassen, durch Wald, über Wiesen und Weiden entlang des Ardey-Gebirges, vorbei an Dörfern und Städten wie Schwerte, Hagen, Bochum, Essen und den vielen anderen, vorbei an künstlichen Seen und Häfen, begleitet von Treidelpfaden weiter rheinwärts und danach meerwärts bis in die Nordsee. Zurück zum Ursprung – sich besinnen und entschleunigen, um der Hektik des Alltags zu entrinnen.

Auf dem Ruhrkopf entspringt der Fluss, der einst einer der wichtigsten Industrieregionen sowie dem größten Ballungsraum in Deutschland seinen Namen gegeben hat, dem Ruhrgebiet. Ein Rondell ersetzt heute eine 1849 errichtete Mauer, und ein Gedenkstein erinnert an das 100-jährige Jubiläum. Doch wer die Quelle wirklich sehen will, der wird sie einige Meter oberhalb des Steins finden. Das morastige Gebiet steht unter Naturschutz, deshalb ist empfohlen, auf den Stegen und ausgewiesenen Wegen zu bleiben.

Der Ruhrkopf und die Ruhrquelle liegen im Bereich des hochsauerländischen Rothaargebirges. Der Rothaarsteig führt an dem Quellgebiet vorbei. Ruhrhöhenweg und Ruhrradweg führen von der Quelle bis nach Duisburg und haben hier ihren Ausgangspunkt. Wandern lässt es sich im Gebiet der Ruhrquelle das ganze Jahr über. Die Wege unterschiedlicher Schwierigkeitsgrade sind gut ausgebaut und beschildert. Im Winter lädt das familienfreundliche Skigebiet Ruhrquelle zu Ski und Rodel ein – mit Skischule, Förderband, Skilift und modernen Beschneiungsgeräten. Rund um die Ruhrquelle findet ein jeder sein Vergnügen!

TIPP

In der Ruhrquellenhütte entspannt genießen oder Feste feiern. ruhrquelle.com

● Ruhrquelle, 59955 Winterberg

Mit Fernsicht

71 Der Danzturm in Iserlohn

Weite, nichts als Weite. Die Enge der Städte des nahen Ruhrgebiets zurücklassen. Den Blick auf den Horizont richten. Bei klarem Wetter kann man sogar ins Münsterland bis nach Nottuln sehen, dort, wo die Baumberge sind. Und selbstverständlich eine grandiose Aussicht über das umgebende Sauerland mit dem Zentrum der Stadt Iserlohn genießen. 100 Stufen führen hinauf unter das Dach des 28 Meter hohen Danzturms und zur kleinen außen angebauten Aussichtsplattform. Im Innern des Turms sind Informationstafeln angebracht, die auch über die 1833 eingerichtete Telegrafenlinie Berlin-Coblenz Auskunft geben, deren 43. Station sich gleich neben dem Danzturm befindet. Über 550 Kilometer hinweg wurden mittels optischer Signale Nachrichten übermittelt. Eine Errungenschaft, die in Zeiten des Smartphones kaum mehr nachvollziehbar ist. Auf der Terrasse des Panoramarestaurants Danzturm-Iserlohn lässt sich mit allen Sinnen genießen – bei Kaffee und Kuchen den Vögeln lauschen, die frische Waldluft schnuppern, die Köstlichkeiten der Küche schmecken und den Wind auf der Haut fühlen.

Der Fröndenberg, ein idealer Ort für Verabredungen. Zumindest müssen das die Begründer des großen Basars gedacht haben, als sie erstmals am 10. und 11. Oktober 1908 ein Volksfest ausrichteten, die Einnahmen sollten zur Finanzierung des Bauvorhabens verwendet werden. Am Ende des Festes wurden 12.500 Mark gezählt. So konnte der Aussichtsturm gebaut und am 22. Mai 1909 festlich eröffnet werden. Seinen Namen erhielt der Turm nach Professor Ernst Danz (1822–1905), ein Lehrer, späterer Gymnasialprofessor sowie Naturschützer und Gründer der Abteilung Iserlohn des Sauerländischen Gebirgsvereins. 1902 ernannte ihn die Stadt Iserlohn wegen seiner pädagogischen Verdienste und der Sorge um das öffentliche Wohl zum Ehrenbürger. Der Turm und eine Gedenktafel erinnern noch heute an ihn. Der Bau des Danzturms erwies sich als Glücksfall für heutige Besucher, denen ohne ihn eine wunderbare Aussicht vorenthalten würde.

....

● Danzturm, Danzweg 60, 58644 Iserlohn
danzturm-iserlohn.de
● ÖPNV: Haltestelle Weg nach Franzosenhohl, dann ca. 15 Minuten Fußweg

Einfach blaumachen

Im LWL-Freilichtmuseum Hagen

Na, das wird wohl was werden, denke ich. Ich stehe in einer Blaufärberei und komme aus dem Staunen nicht mehr heraus. Wie vor Jahrhunderten wird hier Stoff gefärbt. Vorzugsweise Blau, die Farbe meiner Jeans. „Indigo" heißt die Pflanze, aus der der natürliche Farbstoff gewonnen wurde, bis er durch einen chemischen abgelöst wurde. Zuvor war die heimische Färberwaid-Pflanze Grundlage dieses fast vergessenen Handwerks, erklärt der Färber und zeigt mir, wie er eine Substanz mit Druckstöcken, den Modeln, auf den Stoff aufbringt. Faszinierend sind die schönen Muster, fast geheimnisvoll der Färbevorgang, hübsch anzusehen das gefärbte Tuch.

Überall werden altes Handwerk und alte Techniken lebendig, fachkundig und verständlich erklärt und vorgeführt, von Mitarbeitern, die ihr Handwerk verstehen. Ob in der Ölmühle, der Kaffeerösterei, der Goldschmiede, der Seilerei, in den Hammerwerken und Schmieden oder beim Friseur, überall gibt es kleine Wunder zu entdecken. Mir bleibt die Erkenntnis, dass Menschen schon früh erfanden, was sich im Lauf der Zeit kaum verbessern ließ. Im lieblichen Tal des Mäckinger Bachs, in Hagens Stadtteil Selbecke, quasi an der Pforte des Sauerlands, liegt, umgeben von Bergen und verwunschenen Wäldern, das LWL-Freilichtmuseum Hagen/Westfälische Landesmuseum für Handwerk und Technik, eines der Museen in Europa, die sich dem Thema Handwerk und Technik widmen. 1963 begannen die Bauarbeiten, 1973 wurde es eröffnet. Heute beherbergt es mehr als 60 Werkstätten, die ursprünglich an anderen Orten zu finden waren, bis sie hierher umgesiedelt wurden. Das Freilichtmuseum ist immer einen Ausflug wert, nicht nur, um den Wissensdurst zu stillen, denn in der gemütlichen Braustube wird das selbst gebraute „Mäckinger" ausgeschenkt. In der Bäckerei gibt es frisch gebackenes Brot zu kaufen und an mehreren Orten kann man sich auf den Rundwegen stärken und eine Pause einlegen. Welch ein Glück, dass wertvolles altes Wissen nicht verloren geht und so unterhaltsam vermittelt wird.

TIPP

Das Steampunk-Event „Zeitreise Hagen" findet jeden Sommer im Museum statt.

● LWL-Freilichtmuseum Hagen, Mäckingerbach, 58091 Hagen
lwl-freilichtmuseum-hagen.de
● ÖPNV: Haltestelle Freilichtmuseum

Die zerfließende Zeit

73   Die Dechenhöhle in Iserlohn-Letmathe

Wer in die Dechenhöhle eintritt, betritt eine andere Welt, geht über die Schwelle der Außenwelt ins Innere der Erde. Die Höhle ist ein Ort für all diejenigen, die das Staunen nicht verlernt haben oder die es wiederfinden wollen. Allein die Altersangaben beeindrucken sehr. Das Kalkgestein, aus dem das Wasser die Höhle herausgewaschen hat, war vor 380 Millionen Jahren ein Korallenriff. Damals war der nördliche Teil des Sauerlands von einem tropischen urzeitlichen Meer bedeckt. Die heutige Gestalt der Höhle entstand vor vermutlich 800.000 Jahren. Untersuchungen haben ergeben, dass die ältesten Tropfsteingebilde 500.000 und die jüngsten an ihrer Basis „nur" 10.000 Jahre alt sind.

Ich schaue zu den Kindern, die den Erklärungen der Höhlenführerin lauschen und wie ich keine Vorstellung davon haben, wie lang 100.000 Jahre sind. Ich betrachte den Tropfen, der an einem Stalaktiten hängt. Er wird herabfallen. Der in dem Tropfen gelöste Kalk wird an der Stelle, an der er auftrifft, mit vielen anderen wahrscheinlich einen Stalagmiten bilden. Hier scheint sich unsere Zeitmessung in dem Fall eines einzigen Regenwassertropfens aufzulösen. Mit jedem Tropfen entstehen neue bizarre und kuriose Gebilde wie die, deren Anblick jetzt schon unsere Fantasie beflügeln und denen wir Namen geben: Kapelle, Nixengrotte, Laubengang oder Gemüsegarten. Die Dechenhöhle ist eine Tropfsteinhöhle, eine sogenannte „Schauhöhle", in der von Zeit zu Zeit Konzerte oder Lesungen stattfinden. Ein besonderes Erlebnis sind die „Höhlenlichter", wenn Hunderte oder gar Tausende bunte Lichter die Unterwelt in eine Märchenlandschaft verwandeln.

Die Dechenhöhle wurde bei Bauarbeiten im Jahr 1868 entdeckt. Sie ist Teil eines über 20 Kilometer langen geologischen Höhlensystems. Die Höhle hat eine Länge von etwa 900 Metern, wovon mehr als 400 Meter zur Besichtigung ausgebaut sind. Benannt ist sie nach dem Bonner Geologen, Bergbaukundler und Erfinder Professor Ernst Heinrich Carl von Dechen, der im 19. Jahrhundert lebte.

TIPP

Einen Rundgang durch das Deutsche Höhlenmuseum im Empfangsgebäude der Dechenhöhle einplanen.

● Dechenhöhle, Dechenhöhle 5, 58644 Iserlohn, Tel. (0 23 74) 14 71
dechenhöhle.de
● ÖPNV: Bahnhof Iserlohn, Dechenhöhle

Keinbaum

74 Der Welliner Baum bei Herscheid-Rärin

Die Wanderung zum Welliner Baum nördlich von Herscheid und zurück – die Wanderung dauert 1,5 bis 2 Stunden – lohnt vor allem bei gutem Wetter. Wer Ruhe sucht, ist in dieser abgeschiedenen Gegend genau richtig. Auf der Kreisstraße von Herscheid nach Rärin führen winzige Straßen rechts und links ab zu Orten, die alle auffälligerweise auf -in enden. Afrin, Danklin, Marlin, Wellin … Die Orte sind Zeugen einer Siedlungsgeschichte, die bis ins 13./14. Jahrhundert zurückreicht. Im Laufe der Jahrhunderte haben sich die Namen, die früher auf -nhausen endeten, abgeschliffen. Wir fahren auf der schmalen Straße bis zur Dorfmitte von Rärin, parken das Auto auf dem Parkplatz des Feuerwehrgerätehauses und machen uns auf den Weg.

Nach etwa 900 Metern endet die schmale Straße in Sirrin. Vorbei an einem schmucken Häuschen mit der Hausnummer 5 geht es Richtung Nordosten über einen Fahrweg entlang von Wildschweinen durchwühlten Wiesen bis zum Waldsaum. Dort folgt man dem Weg östlich tief hinunter bis ins Tal der Solmbecke. Anschließend schraubt sich der Weg über Serpentinen wieder bergauf bis zur Anhöhe. Dort nehmen wir für ein kurzes Stück den Wanderweg X 12 Richtung Südost. Nach etwa fünf Minuten haben wir unser Ziel erreicht.

Vor uns erstreckt sich ein etwa 500 Meter langer Erdwall. Einst versperrte er als Landwehr die Wegeverbindung auf der Höhe zwischen den beiden Seitentälern von Herscheid und Plettenberg. Nun wird uns klar: Mit dem Welliner Baum wurde ein Schlagbaum bezeichnet, der das Plettenberger vom Herscheider Gebiet trennte. Hier verlassen wir den Weg X 12 und wandern ungehindert auf dem Höhenrücken nach Wellin. Die herrliche Aussicht auf das bergige Sauerland genießend und glücklich, die Mühe auf sich genommen zu haben, sehen wir nach wenigen Metern rechter Hand ein um 360 Grad drehbares Waldsofa. Über Wellin geht es entspannt zurück zum Parkplatz in Rärin.

TIPP

Im Café Sirringhaus nach alten Rezepten gebackene Kuchen genießen. konditorei-sirringhaus.de

....

● Welliner Baum, bei 58849 Herscheid-Rärin

Rumhängen im Heuwagen

75

Die Bauernhofpension Heinemann

Am liebsten steht und kräht der Hahn der Heinemanns auf dem Holztisch unter der alten Kastanie, von hier aus kann er die ankommenden Gäste als Erster begrüßen. Während die jüngeren Urlauber direkt den ausrangierten Heuwagen stürmen, gehen die Älteren mit dem Gepäck in eine der insgesamt fünf Ferienwohnungen, alle urig und gemütlich und ein bisschen schief, denn das Wohnhaus steht seit etwa 180 Jahren. Den Hof selbst gibt es noch länger, urkundlich erwähnt wird er erstmals im 16. Jahrhundert.

Die Heinemanns konzentrieren sich mittlerweile auf die Produktion von Biogas und auf sanften Tourismus. Die unmittelbare Umgebung des Hofs ist wie geschaffen dafür. Nachdem die Koffer ausgepackt sind und der erste Kaffee gekocht ist, geht man raus, um zu sehen, wo die Kinder spielen. Von der ersten Minute an bewegen sie sich frei auf dem Wippergütchen, spielen Verstecken und Fangen, stehen knietief im Bach, um darin einen Staudamm zu bauen, turnen immer wieder auf dem Heuwagen herum oder sind bei den Tieren.

TIPP

Abkühlung gefällig? Der südliche Zipfel des Hennesees ist nur 500 Meter weit entfernt.

Und damit wären wir wieder beim Hahn, der immer noch unter der Kastanie kräht. Neben ihm gibt es noch viele andere glückliche Tiere auf dem Hof. Viele der Pferde, Ponys, Rinder, Gänse, Kaninchen und Alpakas haben eine weniger glückliche Vergangenheit. Die Heinemanns haben es sich zur Aufgabe gemacht, Tieren aus schlechter Haltung ein neues Zuhause zu geben. Hier können sie ein gutes Leben führen und werden gebraucht, denn sie sind Teil der tiergestützten Pädagogik, die von einer Sozialpädagogin auf dem Hof angeboten wird.

Man verbringt die Tage entspannt auf dem Hof, geht in die Wälder und Felder oder macht einen Spaziergang zum nahe gelegenen Hennesee. Abends lädt eine große Feuerschale mit Brennholz dazu ein, Stockbrot oder Marshmallows am offenen Feuer zu rösten. Wieder zu Hause wird der Räuchergeruch noch Tage in den Kleidern hängen. Und wenn man wieder fährt, steht der Hahn schon auf dem Tisch unter der alten Kastanie.

● Bauernhofpension Heinemann, Obermielinghausen 1, 59872 Meschede
Tel. (02 91) 5 08 34, bauernhof-heinemann.de
● ÖPNV: Haltestelle Mielinghausen, dann ca. 10 Minuten Fußweg

Blick ins Reich der Erde

76 Das Felsenmeer bei Hemer

Schon die Fahrt dorthin ist schön: Weizenfelder, Obstwiesen, schattige Alleen, Kirchen in Dörfern, Fachwerk, Wölkchenhimmel, bewaldete Hügel, Weite. Beste Kulturlandschaft. Von Hemer aus ist der Weg zum Felsenmeer gut ausgeschildert.

Dann steht man vor einem Naturschauspiel, einem Drama. Die Erde hat sich gespalten, tut sich weiter lautlos auf, Felsstücke türmen sich, riesige Gesteinsbrocken ragen zum Himmel, gehalten nur durch Wurzelwerk, Wildwuchs von Bäumen, kreuz- und quer gelegten Ästen. Tief unten ahnt man Höhlen, Schächte, Abgründe, wie wacklige Brücken darübergelegt gefallene, abgestorbene Stämme. Ein Fantasyfilm könnte hier spielen, einer mit Sauriern, Urtieren aus Urzeiten. Im mittleren Devon, so liest man auf einem der vielen alles gut erklärenden Schilder, vor 385 Millionen Jahren, bildete sich aus Kalkstein ein Riff. Die bizarren Felsformationen, Klüfte, Klippen, Schächte und Spalten entstanden teils durch unregelmäßige Auswaschung durch Kohlensäure – im Tertiär vor nur 20 Millionen Jahren – aber auch durch Bergbautätigkeit ab dem 10. Jahrhundert bis zur Mitte des 19. Jahrhunderts. Ein Buchenhochwald entwickelte sich mit Farnen, Moosen, Flechten und Waldmeisterkraut. Efeu rankt ungebändigt, verknotet und vertäut lose Teile.

TIPP

Besuchen Sie auch das Felsenmeermuseum in Hemer. felsemeermuseum.de

Auf gut befestigten Wegen kann man das 35 Hektar große Gelände umrunden. Vielfältige Sichtachsen ergeben sich, um der Schöpfung in die Töpfe zu schauen, voller Geologie, Geschichte, Pflanzen, Mythen. Einer Sage nach suchten Zwerge hier nach Gold. Riesen versuchten, es zu stehlen, wurden unter den einstürzenden Schächten begraben. Seit 1962 ist das Felsenmeer Naturschutzgebiet und als einmaliges Geotop ausgezeichnet. Eine Aussichtsplattform ist über die Abgründe gebaut, und man scheint über ihnen zu schweben. Stege, Brücken, Treppen führen tief hinein ins Felsenmeer, überwölbt von den kühlen grünen Wipfeln der Bäume. Vögel zwitschern, und mit ganz viel Glück hört man am Rande eine Herde Schafe.

· ·

● Felsenmeer Hemer, Felsenmeerstraße 33, 58675 Hemer
hemer.de/leben-wohnen/felsenmeer
● ÖPNV: Haltestelle Sundwig Meise, ca. 10 Minuten Fußweg

Vergnügen im Grünen

77 Der Sauerlandpark in Hemer

„Zauber der Verwandlung" hieß das Motto der Landesgartenschau 2010, auf deren Gelände der 27 Hektar große Sauerlandpark als Freizeitoase errichtet und 2011 eröffnet wurde. Und tatsächlich werden die Besucher durch seine unterschiedlichsten Bepflanzungen, Plätze und Spielstätten bezaubert und verlassen wie verwandelt nach einem schönen Tag den Park. Schon gleich am Eingang stehen Strandkörbe und Hängematten zum „Abhängen" und Studieren des Planes mit allen Attraktionen. Für jeden findet sich etwas, von den Kleinsten bis zu den Großeltern. Himmelsspiegel nennt sich ein ausgedehntes Planschbecken, für die Skater wurde der Rollgarten errichtet, die Gärten der Bewegung laden spielerisch zum Trimmen ein, der verwunschene Waldspielplatz Zwergengold zum Klettern und Spieleerfinden.

Die Himmelstreppe führt zum Fuß des 23,5 Meter hohen Jübergturms. Rollstuhlfahrer nehmen einfach den Zickzackweg. Von hier oben hat man einen wundervollen Überblick über den Park und die Weiten des Sauerlandes. Der Turm markiert Stadtrand und Übergang in die Landschaft mit Streuobstwiesen – 150 Sorten wurden gepflanzt, auch die Köstliche von Charneux, Clapps Liebling, der Rote Eiserapfel. Naturfreunde erfreuen sich an unbekannten Baumarten, Rosensorten, entdecken Schmetterlinge, die Staudenblüten umflattern. Gartenliebhaber geraten ins Schwärmen über die vielen Kleingärten mit Wasserspielen, Teichen und Pflanzen. In einem Irrgarten aus Hecken kann man sich spielend verlaufen, wieder herausfinden und einem Imker und seinen Bienen bei der Arbeit zusehen. Ein Park wie geschaffen für Familien, Paare, Freizeit- und Freundesgruppen zum Wandern, Spazierengehen, Turnen, Toben, Zur-Ruhe-Kommen, Picknicken. Versteckte Ecken und Plätze zum Rasten und Lesen sind vorhanden. Ach, heiraten können Liebespaare auch im Park. Einen schöneren Platz für sein Glück wird man kaum finden.

● Sauerlandpark Hemer, Ostenschlahstraße 60, 58675 Hemer
· sauerlandpark-hemer.de
● ÖPNV: Haltestelle Sauerlandpark

Winterlicher Höhenflug

78 Die St.-Georg-Schanze in Winterberg

Knapp unter der mit 732,9 Metern höchsten Erhebung des Herrloh, am Südwesthang des Berges, ragt die St.-Georg-Schanze mit einer Bogenspannweite von 43 Metern und einer Höhe von 22 Metern unübersehbar und markant in den Himmel. Nur unzureichend lässt sich mit beschreibenden Fakten vermitteln, welchen Eindruck dieses Bauwerk auf die Besucher macht. Wer oben auf der Aussichtsplattform steht, erschaudert beim Blick in die Tiefe. Kaum vorstellbar, dass ein Skispringer den 55 Meter langen, fast senkrecht abfallenden Schanzentisch hinuntersaust und mit einer Endgeschwindigkeit von 82 km/h in den Flugmodus wechselt. 220 Meter vom Abstoß hoch oben am Schanzenturm bis zum Ende des Auslaufs. Wie lang dauert der Sprung, wenn gleichzeitig 100 Höhenmeter überwunden werden? Wie viel Mut und Können die Skispringer aufbringen müssen, wird erst klar, wenn man selbst bis in den Auslauf hinunterschaut. Nur schwer entziehen kann man sich der Faszination, die einen bei diesem Anblick erfasst.

TIPP

Für den Aufstieg rutschfeste Schuhe und Wanderstöcke mitnehmen.

Dabei gibt es von der Plattform aus noch so viel anderes zu sehen. Ungehindert kann der Blick um 360 Grad schweifen, den gesamten Skizirkus von Winterberg, Rodelbahnen, Rodel- und Skihänge mit ihren Liften in Augenschein nehmen. Winzig sehen die Skifahrer aus, die sich auf den unterschiedlich steilen Pisten bergab schwingen oder mit den Liften wieder bergauf fahren. Ein Muster aus weißen Schneisen und dunklem Wald zieht sich über die Hänge und Bergkuppen. Bei guter Sicht kann man weit in die Landschaft schauen. Die allerdings dürfte die Skispringer, die bisweilen im Sommer zum Grand Prix der Nordischen Kombination anreisen oder auch zur Deutschen Meisterschaft im Winter, kaum interessieren. Zur Jahrtausendwende stellte der Österreicher Manuel Feller den Schanzenrekord mit 89,5 Metern auf. Geschlagen wurde dieser erst mit 90 Metern von dem Deutschen Constantin Schmidt im Jahre 2016. Solche Leistungen fordern die gesamte Aufmerksamkeit. Als Besucher kann man zum Glück einfach die Schönheit der Landschaft genießen.

● St.-Georg-Schanze, 59955 Winterberg
winterberg.de
● ÖPNV: Haltestelle Winterberg Rathaus

Wenn das Ziel der Weg ist

79

Der Schwedensteig bei Westfeld-Ohlenbach

Das Sauerland in seiner ganzen Pracht und üppigen Vielfalt. Grandiose Ausblicke in Täler und in die fernste Ferne. Natur entdecken und genießen. Über kleine und zugleich große Wunder staunen. Innehalten. Dem Zwitschern der Vögel lauschen. In sich hineinhören. Das Flattern der Schmetterlinge verfolgen, wie sie sich von einer Blüte zur anderen bewegen. Den Wind auf der Haut spüren, der sanft über Felder und Weiden streicht. In Blütenkelche hineinsehen, die elegante Schönheit des Fingerhuts betrachten oder die Blütenblätter des weißen Klees zählen.

Dunkle Tannenwälder wechseln sich mit Buchenwäldern ab. Das tiefgrüne Moos liegt wie ein Mantel um einen Baumstamm. Ein Baumpilz, der in seiner Färbung an einen Fels erinnert oder an einen weichen Schwamm. Zwischen den Bäumen zuweilen eine Quelle, die ein Rinnsal speist, dessen Wasser in einen Bach mündet, einen Fluss ... Welch ein Glück, beim Wandern zu entdecken, was sonst im Alltäglichen verborgen bleibt.

TIPP

Das drehbare Waldsofa von Rita Belke am Schwedensteig finden und die tolle Aussicht genießen.

Alle Wege führen nach Westfeld-Ohlenbach, zum Schwedensteig/Heidenstraße. Der Weg ist Geschichte, war er doch eine wichtige Heer- und Handelsstraße im Mittelalter zwischen Leipzig und Köln. Zudem führte er zu den Schwedenschanzen, einer Verteidigungsanlage im Dreißigjährigen Krieg gegen die schwedischen Truppen Gustavs II. Adolf. Auf der Höhe bei Altastenberg liegt die Schweden-Hütte, eine Blockhütte mit Restauration. Sie lädt Wanderer wie Skifahrer zur Einkehr ein.

Der Schwedensteig/Heidenstraße ist ein vom Deutschen Wanderinstitut in Marburg zertifizierter Premiumwanderweg. Ausgehend von der St.-Blasius-Kirche in Westfeld-Ohlenbach, das als Bundesgolddorf ausgezeichnet wurde und damit zu den schönsten Dörfern im Sauerland zählt, führt er als Rundweg durch herrliche Landschaften nach Altastenberg. Nach etwa 15 Kilometern ist man erschöpft, aber glücklich wieder an seinem Ausgangspunkt angelangt.

• Schwedensteig/Heidenstraße bei Westfeld-Ohlenbach
• ÖPNV: Haltestellen Westfeld Sportplatz oder Kirche

Zwischen Himmel und Erde

80 Der Skywalk Willingen

Willingen ist das östliche Tor zum Sauerland. In Hessen gelegen, gehört das „Upland" doch noch zum Land der tausend Berge. Seit 2023 ist Willingen nun um eine Attraktion reicher: den Skywalk. Mit 665 Metern ist er die längste Fußgängerhängebrücke in Deutschland und die zweitlängste der Welt. Nur die Sky Bridge 721 in Tschechien bringt es mit ihren namensgebenden 721 Metern auf mehr Länge.

Wer sich auf den Skywalk Willingen traut, begibt sich auf schwankendes Terrain. „Schon komisch" ist ein häufiger Kommentar beim Betreten des hängenden Stahlkonstrukts. Skeptische Gesichter. Beim Weg über die 1,3 bis 1,5 Meter breite Brücke – durch Geländer gut gesichert – heißt es: Handy festhalten! Denn wenn es hier aus der Hand rutscht, dann ist es weg. Die Aussicht auf die Landschaft ist atemberaubend. Beim Blick in 100 Meter Tiefe durch die Maschen kann es einem dann doch mal schwindelig werden.

„Du machst das sehr gut!", beschwichtigt ein junger Mann seine ängstliche Freundin und hält sie an der Schulter fest. Bilde ich mir das ein, oder schwankt die Brücke an den Rändern mehr als in der Mitte? Kinder kreischen, ob vor Angst oder aus Vergnügen, ist unklar. Zwischendurch höre ich immer wieder niederländische Sprachfetzen: Willingen ist ein beliebtes Ziel für Ausflügler aus dem Nachbarland. Auf der anderen Seite der Brücke checke ich aus. Am Kiosk gibt es Kaffee und Würstchen. Die Standseilbahn neben der Mühlenkopfschanze befördert Besucherinnen und Besucher vom Parkplatz zum Eingang der Hängebrücke.

Mein Rückweg über den Skywalk verläuft fast schon routiniert. Ich grinse, als ich den konzentrierten Gesichtsausdruck der Entgegenkommenden sehe. Unter mir dehnt sich das Strycktal. Ich schließe die Augen und für einen Moment schwebe ich zwischen Himmel und Erde.

● Skywalk Willingen, Auf dem Wakenfeld, 34508 Willingen, skywalk-willingen.de
● ÖPNV: Haltestelle Willingen Abzweig Stryck

Mit Texten von:

Cornelia Ertmer: S. 8, 32, 84, 86, 88, 90, 92, 94, 96, 98, 100, 102, 104, 106, 108, 110, 114, 116, 118, 120, 122, 124, 126, 128, 130, 132, 134, 136, 138
Hans-Ulrich Heuser: S. 140, 142, 144, 146, 148, 150, 152, 164
Thomas Kade: S. 158, 160
Anne-Kathrin Koppetsch: S. 10, 12, 14, 16, 18, 20, 22, 24, 26, 28, 30, 34, 36, 38, 40, 42, 44, 46, 48, 50, 52, 54, 56, 60, 112, 166
Bianca Lorenz: S. 58, 62, 64, 66, 68, 70, 72, 74, 76, 78, 80, 82
Manfred Pankratz: S. 154
Sascha Wundes: S. 156

Bibliografische Informationen der Deutschen Nationalbibliothek
Die Deutsche Nationalbibliothek verzeichnet diese Publikation in der Deutschen Nationalbibliografie; detaillierte bibliografische Daten sind im Internet über dnb.d-nb.de abrufbar.

3., aktualisierte Auflage 2025
© 2020 Droste Verlag GmbH, Flinger Broich 18, 40235 Düsseldorf, kontakt@droste-verlag.de
Konzeption/Satz: Droste Verlag, Düsseldorf
Einbandgestaltung und Illustrationen: Britta Thiele, Marbach am Neckar, unter Verwendung von Bildern von © Fotolia.com: jd – photodesign.de; © iStock: Plociennik Robert
Fotos: Atta-Höhle: S. 19; Balver Höhle: S. 59; Dechenhöhle: S. 153; Erlebnisbad Nass: S. 17; Walter Ertmer: S. 9, 81, 87, 89, 91, 93, 95, 99, 101, 103, 105, 107, 109, 115, 117, 119, 121, 123, 127, 129, 131, 133, 137, 139, 163; Freunde der Heckrinder: S. 37; Sabine Hauke: S. 29, 113; Mechthild Heidrich: S. 13; Hans-Ulrich Heuser: S. 141, 143, 147, 149, 165; Thomas Kade: S. 161; Klaus Peter Kappert: S. 135; Anne-Kathrin Koppetsch: S. 11, 21, 23, 27, 31, 39, 41, 43, 47, 51, 53, 57, 61; Landgasthof Seemer: S. 55; Bianca Lorenz: S. 63, 65, 67, 69, 71, 73, 75, 77, 79, 83; LWL-Freilichtmuseum Hagen: S. 151; Mendener Labyrinth: S. 49; Rainer Mengelers: S. 111; Jochen Ottersbach: S. 85; Manfred Pankratz: S. 155; Schmallenberger Sauerland Tourismus / Klaus-Peter Kappest: S. 33; SerapioN– Eigenes Werk, CC BY-SA 4.0: S. 159 (https://commons.wikimedia.org/ w/index.php?curid=59445996); Skywalk Willingen: S. 167; Stephan Sensen: S. 15; stock.adobe.com: S. 35 (© travelpeter), 45 (© Britta Laser), 125 (© lichtbildmoster); Wolfgang Sunder: S. 97; Teta - Eigenes Werk, CC BY-SA 3.0 : S. 25 (https://commons.wikimedia.org/w/index.php?curid= 27225836); Woanders/DNA-Studios: S. 145; Sascha Wundes: S. 157

Druck und Bindung: LUC GmbH, Greven
ISBN 978-3-7700-2136-9

droste-verlag.de